JANE PACKER

FARB RAUSCH

FARB RAUSCH

FLORALE ARRANGEMENTS FÜR JEDE JAHRESZEIT

JANE PACKER

Fotos von Georgia Glynn Smith

Aus dem Englischen von
Nixe Duell-Pfaff

GERSTENBERG VERLAG

„In diesem Buch werden Sie – Farbe für Farbe – durch die Jahreszeiten geführt und können so stets einen zu Ihrer jeweiligen Stimmung passenden Blumenfarbton finden. Wenn Sie genau hinschauen, werden Sie erkennen, dass Farben und Formen mit größter Sorgfalt ausgewählt und so kombiniert wurden, dass sie wunderbar miteinander harmonieren. Lassen Sie sich also verzaubern! Und experimentieren Sie selbst – viele neue Sorten und Farben warten auf Sie!“

Inhalt

Anleitungsverzeichnis

Farben haben die Macht, uns in ihren Bann zu ziehen. Ein lindgrünes Kleid im Schaufenster, rote Lackpumps an schlanken Beinen oder das leuchtende Orange von Ringelblumen an einem Marktstand fesseln unser Auge … Blumenläden locken mit bezaubernden Nerinen in kräftigem Pink oder üppigen Sträußen prächtiger Tulpen, denen wir nur schwer widerstehen können.

Farbtrends kommen und gehen. Geboren werden sie auf den Laufstegen, denn es sind die Modeschöpfer, die letztlich darüber entscheiden, welche Farben in Mode kommen. Ich erinnere mich noch gut daran, wie ganz England vor einigen Jahren in Lila getaucht zu sein schien. In Form von Wandfarben, Kissenbezügen und Bettwäsche eroberte diese Farbe auch die Inneneinrichtungen, und – man höre und staune – es kamen sogar Rosensorten mit Lilaschimmer auf den Markt.

Das ist natürlich kein Zufall. Züchter lassen sich heutzutage von Trendforschern beraten, also Menschen, die neue Farben und Trends für die Modeindustrie für mehrere Jahre vorhersagen. Ein Züchter, der mit einer prächtigen Blüte in einer neuen, aktuellen Farbschattierung aufwarten kann, macht mit Sicherheit ein Vermögen. Als etwa der Asien-Trend seinen Siegeszug antrat, waren die Blumenzüchter bereits bestens gerüstet. Spinnenchrysanthemen in nie zuvor gesehenem Lindgrün tauchten in den Blumenläden auf, während gleichzeitig die zuvor als altmodisch geltende Nelke dank neuer grüner Sorten einen Imagewandel erlebte. Auch grüne Gladiolen und Ranunkeln sorgten für Aufsehen und ließen Blumenfreunde darüber spekulieren, was wohl die nächste Neuheit sein würde. Das ist das Wunderbare an Blumen: Wir haben zwar unsere besonderen Lieblinge, sind aber stets auf der Suche nach Neuem – und erliegen der Faszination, die von einer ungewöhnlichen neuen Blüte mit all ihren zauberhaften Details ausgeht.

Die einzelnen Farbkapitel dieses Buches sind gemäß dem Lauf der Jahreszeiten unterteilt. Sie enthalten wertvolle Hinweise darauf, welche Pflanzen wann Saison haben, sowie Anregungen, wie durch Farbnuancen, Formen und Strukturen die Stimmung einer Jahreszeit am besten zum Ausdruck gebracht werden kann. Angesichts der zunehmenden Internationalisierung der Märkte ist es heute bisweilen schwer, Blumen saisonal zuzuordnen. So werden Hortensien, die einst für den Spätsommer und Herbst typisch waren, nun ganzjährig angeboten, da man sie aus Kolumbien und Holland einführt. Pfingstrosen mit chiffonzarten rosafarbenen Blütenblättern sind selbst im tiefsten Winter zu haben, obwohl sie neben robusten Kiefernzapfen und Chrysanthemen ein wenig deplatziert wirken.

In diesem Buch werden Sie – Farbe für Farbe – durch die Jahreszeiten geführt und können so stets einen zu Ihrer jeweiligen Stimmung passenden Blumenfarbton finden. Die Abbildungen sollen Ihre Fantasie anregen, keineswegs hemmen. Denn jedes Arrangement lässt sich – gemäß der jeweiligen Jahreszeit – auch in anderen Farben und mit anderen Materialien umsetzen. Wenn Sie genau hinschauen, werden Sie erkennen, dass Farben und Formen mit größter Sorgfalt ausgewählt und so kombiniert wurden, dass sie wunderbar miteinander harmonieren. Lassen Sie sich also verzaubern! Und sollten Sie keine Vasen oder Schalen wie die abgebildeten besitzen, können Sie für Ihre Buketts und Gestecke selbstverständlich auch ungewöhnliche Behältnisse wie Teekannen, einen einzelnen Schuh oder Verpackungen wählen. Seien Sie spontan – viele neue Sorten und Farben warten auf Sie!

Jane Packer

Rot

„Blutrot“ wirkt furchteinflößend, „rot glühend“ als Warnung, etwas nicht zu berühren. Rotes Licht ist ein altes Symbol der käuflichen Liebe; ein knallrotes Kleid kann überwältigend schick, aber auch lasziv wirken, und rote Lippen können zu einem Starlet oder einer Hure gehören. Rot ist die Farbe der Weihnacht und des Valentinstags. Im Sommer scheint es die Hitze zu steigern, während es im Herbst an Tiefe gewinnt, um an stürmischen Tagen mit seinem Leuchten unsere Seele zu wärmen.

Links und unten — Das Besondere an Papageientulpen ist, dass sie einen Reifungsprozess durchmachen:
Ihre farbige Zeichnung breitet sich aus, und die Fransen der Blütenblätter gewinnen an Größe. Zu voller Schönheit erblühte Papageientulpen wirken daher weitaus interessanter als frisch geschnittene, noch geschlossene Exemplare. In einer herzförmigen Vase wurden 'Topparrot'-Tulpen zu einem dichten Strauß arrangiert. Die zwischen ihnen glänzenden Kristallbroschen reflektieren sowohl die Farbe der Blüten als auch der Vase. Tulpenstängel setzen ihr Längenwachstum in der Vase fort und verlieren dabei an Festigkeit. Schneidet man sie kurz, werden die Blüten von der Vase gehalten.

Das Wunderbare an roten Frühlingsblumen ist, dass sie dem Tag Wärme verleihen. Auch wenn wir an Weihnachten Rot im Übermaß erlebt haben, sehnen wir uns an einem frostig-kalten Morgen nach der Heiterkeit, die rote Blumen ausstrahlen. Ich selbst werde der Amaryllis, insbesondere ihrer tiefburgunderroten Sorte 'Royal Velvet', nie überdrüssig. Auch die tiefroten 'Arma'-Tulpen sind so wundervoll, dass ich sie am liebsten das ganze Jahr über um mich hätte.

Links — Eine große rote Glaskugel, gekrönt von einer rot blühenden Primelpflanze, deren Form ausgezeichnet mit der Rundung der Vase harmoniert. Bevor man die Pflanze aus ihrem Töpfchen nimmt und in die Vasenöffnung drückt, sollte man zusammengeknüllte Klarsichtfolie in das Gefäß stecken.

Unten — Verpackungen wie diesen Cola-Dosen kann ich nur schwer widerstehen! Hier wurden sie mit Wasser gefüllt und mit jeweils einigen Anemonen oder Ranunkeln geschmückt, deren Rot genau zum Rot der Dosen passt. So aufgereiht, eignen sie sich perfekt für den Küchentisch.

Links und oben — Die Schachblume entzückt durch das feine Muster ihrer zierlichen burgunderfarbenen Blüten. Hier wurde sie mit den hellgrün und weinrot gemusterten Blättern von *Begonia rex* sowie samtigen, leuchtend gelb geränderten Primelblüten kombiniert – ein Sträußchen, in dem sich Farben und Strukturen in perfekter Harmonie zusammenfügen. Das kleine Bukett mit der magischen Aura des Waldes würde wunderbar zu einer zierlichen, elfengleichen Frühlingsbraut oder einem Blumenmädchen passen.

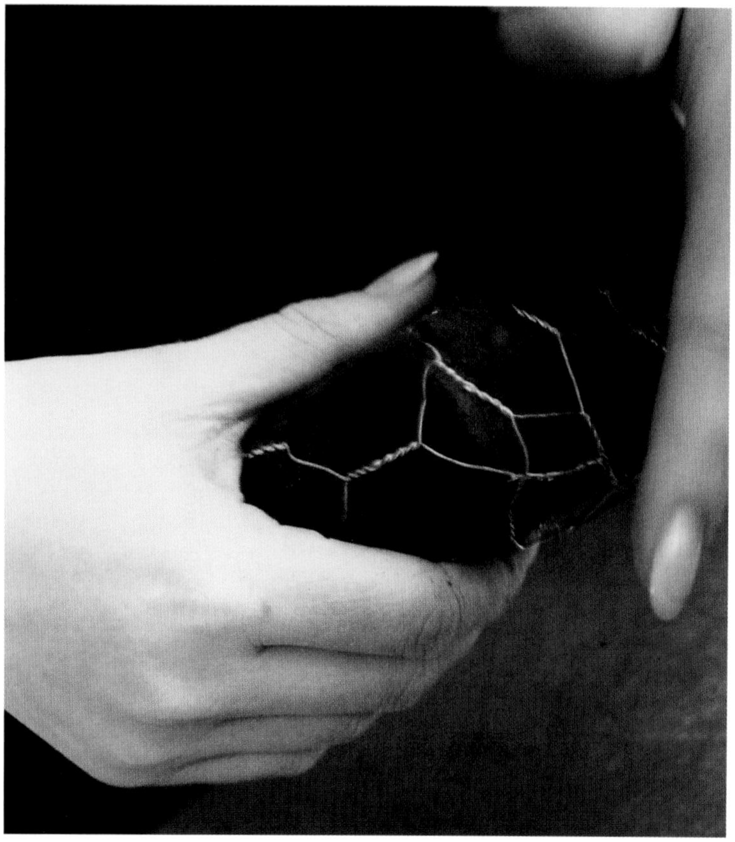

Anleitung Blütentorte

Diese dreistöckige Hochzeits-Torte besteht aus drei verschiedenen Rosensorten. Warum auch nicht? Auf vielen Hochzeiten wandert ein Teil des echten Kuchens in den Abfall …

Schritt 1 — Schneiden Sie die Tortenschichten aus Feuchtsteckmasse zu, und umwickeln Sie sie mit Hasendraht.
Schritt 2 — Wählen Sie farblich zum Anlass passende Rosen aus, schneiden Sie deren Stängel auf etwa 3 cm zurück, und setzen Sie sie dann fest in die feuchte Steckmasse. Beginnen Sie jeweils an der Basis einer Schicht, und arbeiten Sie sich zur Mitte hin vor, indem Sie Reihe um Reihe neue Rosen hinzufügen.
Schritt 3 — Stecken Sie die Säulen in die unterste Schicht, und setzen Sie die oberen Schichten vorsichtig darauf.

Der Sommer beschert uns eine große Auswahl an leuchtend roten Blüten – von scharlachroten Wicken bis zu Bartnelken in dunklem Purpur. Rot ist eine warme Farbe, die, mit Punkten kombiniert, heiter wirkt. Hier wurden vor einem gepunkteten Hintergrund rote Wasser- und Weingläser mit unterschiedlichen Blumen arrangiert. Von links nach rechts sind dies: Sterndolde *(Astrantia major)*, Bartnelken, samtige *Celosia* (im Hintergrund), gesprenkelte Rosen, Wicken, Astilben (dahinter), eine einzelne rot-weiße Dahlie sowie eine Hortensienblüte.

Links — Bieten Sie Ihren Partygästen im Hochsommer etwas Ausgefallenes! Warum die Cocktails nicht mal mit Blüten dekorieren? Hierfür reiht man die Blütenköpfe auf Cocktailspieße und legt diese auf die Gläser.

Unten — Rot-weiß gesprenkelte Rosen gibt es inzwischen in verschiedenen Sorten wie 'Soutine' und 'Intuition'.

Unten — Die Farbschattierungen von Wicken sind wundervoll. Hier mischt sich kräftiges Ketchuprot mit sattem Purpurviolett und intensivem Burgunderrot.

Im Sommer bedeutet „Rot" Hitze. Rote Blumen eignen sich daher ausgezeichnet, um eine tropische Stimmung zu zaubern. Besonders gut gefallen mir rote Rosen wie 'Black Baccara' mit ihrem dunklen, samtigen Schimmer. Der Sommer ist die perfekte Rosenzeit, auch wenn wir dank Importen aus Ländern wie Kolumbien oder Ecuador das ganze Jahr über qualitativ hochwertige, großblütige Rosen kaufen können. Schade nur, dass dieser Ware meist der Duft fehlt, während rote Gartenrosen oft einen betörend süßen, moschusartigen Wohlgeruch verströmen.

Oben — Bambusstäbe in dieser fantastischen Mahagonifarbe sind das ganze Jahr über erhältlich. Sie eignen sich gut, um schwächere Pflanzen oder einzelne Blüten zu stützen.

Oben rechts — Diese besondere Form von *Celosia*, Hahnenkamm genannt, fällt durch ihre ungewöhnlichen, an Knittersamt erinnernden Blütenstände auf. Am schönsten sieht sie aus, wenn zwischen den weichen, wellenartigen Strukturen kleinere Blüten hervorlugen.

Rechts — Die kleinen Blütentriebe des Flammenden Käthchens *(Kalanchoe blossfeldiana)* ergeben einen großartigen Tischschmuck, wenn man sie in einer großen Zahl von Miniaturvasen auf dem Tisch arrangiert.

Anleitung Blumenarrangement in Sockelvase

Dieses Prachtstück ist bunt, mit Rot als dominierender Farbe: Die scharlachroten Blütenstände von *Celosia* und dunkelrote Pfingstrosen setzen an zentraler Stelle kräftige Farbakzente. Violette Astern, purpurfarbene Levkojen, rosapurpurne Prachtscharte *(Liatris spicata)* und rosa Rittersporn bilden einen reizvollen Kontrast zu den gelb blühenden Goldruten, Steppenkerzen und Sonnenblumen. Zwei Melonenhälften und eine Ananas sorgen für bernsteinfarbene Farbtupfer.

Schritt 1 — Füllen Sie eine Sockelvase mit feuchter, zuvor mit Hasendraht umwickelter Steckmasse.

Schritt 2 — Beginnen Sie mit dem Umriss des Gestecks (den Blutbuchenzweigen im Hintergrund), und fügen Sie dann die längsten Blütenstände (Steppenkerzen) hinzu.

Schritt 3 — Stecken Sie die übrigen Blumen gruppenweise (je vier oder fünf Stiele).

Schritt 4 — Spießen Sie die Ananas auf einen spitzen Stab, und drücken Sie diesen in der Mitte des Arrangements in den Steckschaum.

Schritt 5 — Teilen Sie die Melone in zwei Hälften, und verfahren Sie mit ihnen wie mit der Ananas.

Schritt 6 — Füllen Sie den Umriss auf, indem Sie die Blumenstängel im unteren Bereich von schräg unten nach oben in den Steckschaum schieben.

Ein mit Beeren und Blumen geschmücktes Rad, das gut als Dekoration für ein Dorffest oder eine Hochzeit auf dem Lande geeignet wäre. Die Fruchtstände des Schneeballs *(Viburnum opulus)* und die Rosen wurden mit dünnem Draht an Rahmen und Schutzblech befestigt. Aus dem Korb schauen 'Grand-Prix'-Rosen hervor. Lang herabhängende Blütenstände von Amarant *(Amaranthus)* vervollständigen das blumig-fruchtige Arrangement.

Unten — Dunkelroter Amarant wird den ganzen Sommer über angeboten, am schönsten ist er aber von Juli bis Anfang September. Die lang herabhängenden, samtigen Blütenstände wirken außerordentlich apart. Sie sind sehr biegsam, bis zu 30 cm lang und auch in einem blassen Salbeigrün erhältlich. Amarant kommt am besten in einem auf einem Sockel platzierten Arrangement oder in einer hohen Vase zur Geltung. So können seine quastenbesetzten Blütenstände malerisch herabhängen. Amarant eignet sich auch ausgezeichnet für Hochzeitssträuße: Mit seinem unverwechselbaren Aussehen verleiht er ihnen eine herrlich theatralische Note.

Der Herbst ist die Jahreszeit der warmen Farben. Nicht nur das Laub leuchtet in Gelb-, Orange- und Rottönen. Die Glanzmispel *(Photinia)* hat glänzend rote Blätter, die Zwergmispel *(Cotoneaster)* lebhaft orangerot gefärbte Beeren, der Perückenstrauch *(Cotinus)* dunkelpurpurn getöntes Laub und der Hartriegel *(Cornus alba)* schlanke rote Zweige, die sich ohne Laub ausgezeichnet für die Vase oder zum Binden von Kränzen eignen.

Links — Erinnern Sie sich noch, wie Sie als kleines Mädchen Beeren und andere Früchte benutzt haben, um sich Lippen und Wangen zu färben? Wie Sie sich verkleidet und in viel zu großen, hochhackigen Schuhen umherstolziert sind? Mir kamen solche Kindheitserinnerungen, als ich an diesem Haarschmuck aus prächtigen 'Classy'-Rosen und Beeren gearbeitet habe. Rosen, Amarant, blaue Weintrauben und Rote Johannisbeeren wurden mit dünnem Draht an einem Drahtreif in passender Größe befestigt. *Oben* — Früchte wie diese glänzenden, durchsichtig schimmernden Beeren des Schneeballs lassen sich ausgezeichnet mit Blumen kombinieren.

Dieses Stillleben besteht aus einem dicht mit Beeren besetzten Stechpalmenzweig *(Ilex verticillata)*, dunkelroten Rosen, einem dunkelpurpurn blühenden Venusschuh (*Paphiopedilum*; Mitte), einer Anemone (rechts davon), einer Gerbera (darunter) und dem Blütenzweig einer Orchidee (*Vanda*-Hybride; ganz unten), die allesamt in den Wintermonaten erhältlich sind. Zu besonderen Anlässen wie Weihnachten oder dem Valentinstag sind rote Blumen allerdings besonders begehrt und entsprechend teuer. Es lohnt sich daher, nach Alternativen zu suchen und an Weihnachten etwa zu einem frostigen Winterweiß oder am Valentinstag zu einem kräftigen Pink zu greifen.

Links — Die prächtigen Blüten der Amaryllis sitzen an der Spitze eines langen, hohlen Schafts. Sind sie zu schwer, kann ein Stab, den man in den Stängel schiebt, als Stütze dienen. *Unten* — Die orangeroten Blütenköpfe von *Leucospermum* krönen starre Zweige und wirken mit ihren langen Griffeln beinahe künstlich. Sie trocknen leicht und halten dann ewig. *Unten* — Bei diesen roten, voll erblühten Anemonen ist die dunkle Mitte gut zu erkennen. Ich kaufe die Blüten am liebsten im Knospenstadium. Dann kann ich dabei zuschauen, wie sie sich langsam öffnen.

Das für den Winter typische Angebot an roten Blumen umfasst Anemonen, Gerbera, die Orchideengattungen *Cymbidium* und *Paphiopedilum*, Stechpalme sowie die Rosensorten 'Grand Prix' und 'Black Magic'. Die Gerbera wird in zahlreichen Rottönen, mit verschieden großen und unterschiedlich geformten Blütenköpfen verkauft, und das Angebot wird ständig um interessante Neuzüchtungen ergänzt. Rosen wie die prächtige 'Grand Prix' haben besonders große Blüten, die sich ungewöhnlich lange halten. So kann man sich an ihren samtigen Blütenblättern mitunter zwei Wochen und länger erfreuen. 'Black Magic' hat zwar kleinere Blüten, besticht dafür aber durch ihr wundervolles Dunkelrot. Die mit glänzenden, leuchtend roten Beeren besetzten Zweige der Stechpalme sind ausschließlich in den Wintermonaten erhältlich, was ihren Reiz noch steigert.

Rechts — Hier wurden rote Hartriegelzweige auf recht unkonventionelle Art in einer Glasvase arrangiert. Während einige passend zur Breite der Vase zurechtgeschnittene Zweigstücke horizontal auf der Wasseroberfläche schwimmen, stehen längere Stücke über Kreuz in dem Gefäß. Besonders gut würden sie neben roten Blumen zur Geltung kommen. Hartriegelzweige gibt es übrigens auch in Lindgrün.

Ganz rechts — Einen wunderbaren Tischschmuck bildet diese „Torte" aus 'Grand-Prix'-Rosen und Hartriegelzweigen. Dazu schneidet man aus Feuchtsteckmasse eine Tortenform zu, fixiert die Zweigstücke am Tortenrand mit Nadeln und drückt dann die Rosen oben in die „Torte". Ein rotes Band schmückt und verbirgt zugleich die Nadeln. Anstelle von Rosen lassen sich auch andere flache Blüten verwenden; die Zweige können durch farbige Blätter ersetzt werden.

Anleitung Beerenkranz

Der Kranz gilt als Symbol der Ewigkeit und des endlosen Kreislaufs des Lebens. Deshalb finden Kränze sowohl bei Beerdigungen als auch bei Hochzeiten für Braut und Brautjungfern Verwendung. In vielen Ländern ist es Tradition, sein Heim zu allen Jahreszeiten, also nicht nur an Festtagen, mit Kränzen zu schmücken.

Schritt 1 — Kaufen Sie in einem Blumenladen oder Gartencenter einen passenden Drahtreif.

Schritt 2 — Zerschneiden Sie fruchtende Stechpalmenzweige in ca. 15 cm lange Stücke, und binden Sie diese dann im Uhrzeigersinn mit Wickeldraht an der Unterlage fest. Decken Sie dabei jeweils das Ende des letzten Zweigstücks mit dem folgenden, um etwa 7 cm versetzten Zweig ab.

Schritt 3 — Fahren Sie so fort, bis der Kranz fertig ist, und schneiden Sie dann den Wickeldraht ab. An der Haustür wird der Beerenkranz bei kühlem Wetter einen ganzen Monat halten; im Haus werden die Beeren zwar schrumpfen, aber nicht abfallen.

Weiß

Weiß strahlt Klarheit und kühle Eleganz aus. Es ist zurückhaltend und atemberaubend zugleich und verströmt reflektierend ein sanftes, diffuses Licht. Es gibt nicht nur einen Weißton, sondern ein ganzes Spektrum unterschiedlicher Nuancen. Im Viktorianischen Zeitalter waren die Gewächshäuser der Adelssitze erfüllt vom köstlichen Duft reinweißer, wächserner Gardenien- und *Stephanotis*-Blüten. Auch viele berühmte Stilikonen wie Coco Chanel, Christian Dior und Guccio Gucci erkoren weiße Blüten zu ihren Lieblingsblumen.

Links — Die weiß-grün blühenden Kirschzweige wurden auf mehrere cremeweiße rechteckige Keramikvasen verteilt, so dass sie vor dem silbrigen Hintergrund wie eine blühende Hecke wirken. Kommerziell gezüchtete Zweige sind viel schlanker und biegsamer als die knorrigen, dicken Zweige aus dem Garten.

Unten — In ganz Japan feiert man die Kirschblüte. In den Fernsehnachrichten wird über den Verlauf der Blüte berichtet; künstliche Zweige an Laternenmasten schmücken die Straßen. In den Parks picknicken die Menschen unter blühenden Zweigen und besuchen Tempel und Schreine, um sich an deren Kirschbäumen zu erfreuen.

Je nach Jahreszeit bevorzugen wir unterschiedliche Blumen. Dank des Geschicks der Züchter sind heute viele Gewächse das ganze Jahr über erhältlich. Natürlich ist das schön, doch gleichzeitig macht es Blumen, die nur für kurze Zeit auf dem Markt angeboten werden wie etwa weiße Narzissen im Frühling, zu einer echten Kostbarkeit. Wer könnte dem atemberaubenden Duft der Narzissen, der im Frühling die Blumenmärkte umgibt, widerstehen? Besonders bezaubernd sind langstielige Paperwhite-Narzissen, die, kombiniert mit weißen Papageientulpen, weiß blühenden Zweigen und weißer Amaryllis, traumhaft schöne Buketts ergeben.

Links — Christian Dior trug stets Maiglöckchen im Knopfloch, die – wie der Name schon sagt – im Mai blühen und dann auch allenthalben in kleinen Sträußen angeboten werden. Außerhalb der Saison im Gewächshaus gezogene Maiglöckchen sind zarter, langstieliger und blasser.

Oben — Die zarte Paperwhite-Narzisse ist eine weitere typische Frühlingsblume mit herrlichem Duft. Hier wurden die kleinen sternförmigen Blüten von ihren Stängeln entfernt und an Brautschuhen befestigt – ein entzückender, aber recht kurzlebiger Blütenschmuck, der sich ohne weiteres durch robustere Blüten, z. B. von weißem *Dendrobium*, ersetzen lässt.

Links und oben — Die so rein und zart wirkenden Schneeglöckchen sind recht zäh, wenn sie mit ihren Blütenknospen die Schneedecke durchstoßen. Mit ihren kurzen Stängeln eignen sie sich am besten für kleine Sträuße. Eingewickelt in hübsches Papier, sind sie ein reizendes Mitbringsel – und ein perfektes Beispiel für „weniger ist mehr".

Unten — Die Details, die sich bei näherer Betrachtung von Blüten und Blättern offenbaren, begeistern mich stets aufs Neue. Diese Kätzchen der Salweide *(Salix caprea)* sehen für mich wie kleine graue Mäuse mit samtig-weichem Pelz aus.
Rechts — In diesen nostalgisch-verspielten Schwanenvasen nehmen sich die fein gefransten weißen Tulpenblüten aus wie Gefieder. Um nicht von den fedrigen, schneeweißen Blütenblättern abzulenken, wurde auf grüne Blätter verzichtet.

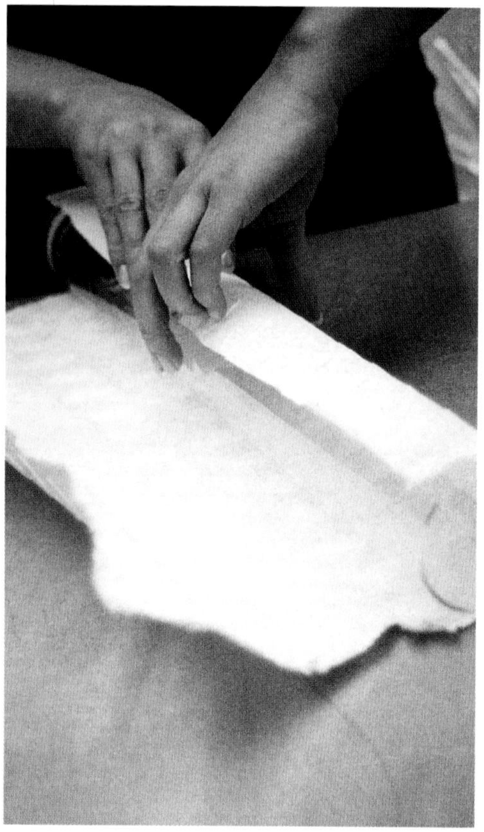

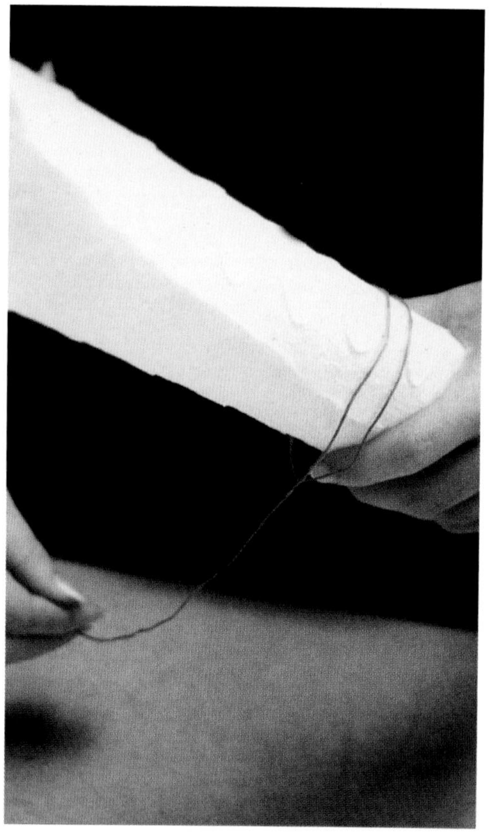

Anleitung Umhüllte Vasen

Mit einer Hülle aus strukturiertem weißem Papier und grünem Faden sind diese hohen Vasen perfekt auf das Grün und Weiß der Narzissen abgestimmt. Die Blumenstiele wurden eng zusammengebunden, damit sie besonders lang und schlank wirken.

Schritt 1 — Umwickeln Sie die leeren Vasen mit strukturiertem Papier (z. B. Japanpapier), und fixieren Sie es in dreiviertel Höhe mit farbigem Faden.
Schritt 2 — Binden Sie die Narzissen knapp unter den Blüten mit einer Schnur zusammen, und schneiden Sie die Stängel unten glatt ab. Achten Sie darauf, dass die Blätter natürlich abstehen können. Beschweren Sie den Boden der Vasen mit Kieselsteinen, bevor Sie Wasser einfüllen und die Blumen hineinstellen.

Links — Dieses Gesteck besteht aus über fünfzig dicht an dicht gesteckten Pfingstrosen und ist dementsprechend teuer. Eine preiswertere Variante lässt sich aus weißen Chrysanthemen, Nelken oder Hortensien fertigen. Füllen Sie dazu eine geeignete Vase mit Feuchtsteckmasse, und kürzen Sie alle Stiele auf eine Länge. Stecken Sie dann zunächst einen vollständigen Blütenbogen, bevor Sie die Lücken auffüllen. Ohne Blätter wirkt das Gesteck in seiner dezenten Farbigkeit sehr modern.

Unten — Diese Nahaufnahme einer weißen Steppenkerze *(Eremurus)* macht deutlich, wie sich die Einzelblüten nach und nach von der Basis des Blütenstands bis zur Spitze öffnen. Verblühtes sollte aus ästhetischen Gründen entfernt werden.

Anders als die weißen Frühlingsblüher werden die weißen Blumen der Sommerrabatten großzügig mit Wärme verwöhnt. Auch wir lieben es ja, die Sonne auf unserer Haut zu spüren und uns an einem warmen Tag auf einem grünen Rasen inmitten weißer Gänseblümchen niederzulassen. Der Gedanke an hoch aufragenden weißen Rittersporn und süß duftende weiße Lilien versetzt uns sogleich an einen sonnigen Ort. Ich selbst mag vor allem Pfingstrosen mit ihren seidig schimmernden Blütenblättern und ihrem zarten Duft. Da sie sich schnell öffnen, sollte man sie im Knospenstadium kaufen.

Die lockeren weißen Blütenbälle der Hortensien sehen aus wie kleine Wolken und sind vielseitig verwendbar – sowohl einzeln als auch in dichten Gestecken. Ich nehme es niemandem übel, wenn er in meinem Laden nur eine einzige Blume kauft, denn für moderne Vasen braucht man oft nur einen Blütenstängel. Außerdem war ich schon immer eine Verfechterin der Devise „weniger ist mehr“. Um eine ländliche Atmosphäre zu schaffen, habe ich hier Behältnisse aus einem Material gewählt, das sich auch vor einem offenen Kamin gut machen würde. Die helle Rinde der Birkenholzklötze harmoniert ausgezeichnet mit der Farbe der obenauf ruhenden Blütenrispen. Ihre Stängel sind in wassergefüllten, im Holz versenkten Reagenzgläsern verborgen.

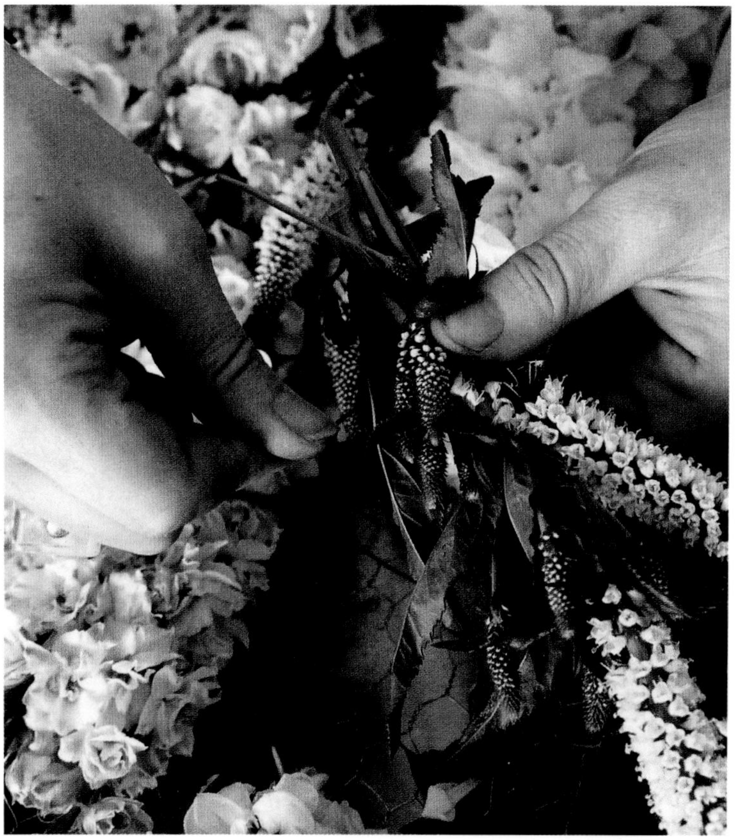

Anleitung Blütengewand

Bisweilen ergibt sich die Gelegenheit, für einen besonderen Anlass wie eine Hochzeit oder ein anderes Fest etwas wirklich Ausgefallenes zu kreieren. So erhielten wir schon Aufträge z. B. für eine Mittsommernachtstraum-Party. Die Arbeit an Filmsets bescherte uns die Möglichkeit, Blumenbuketts für Streifen wie *Alfie* und *Tatsächlich … Liebe* zu entwerfen. Hier sehen Sie einen Rock aus Sommerblüten, der allerdings nur für eine Studioaufnahme bestimmt war. Wer solch einen Rock tragen möchte, sollte künstliche Blumen verwenden und diese nicht auf Hasendraht, sondern auf Gewebe anbringen. Das erhöht nicht nur die Haltbarkeit, sondern auch den Tragekomfort!

Schritt 1 — Wählen Sie die Blumen aus. Der weiße Rock besteht aus Pfingstrosen, Rittersporn, Phlox und *Veronica.*
Schritt 2 — Binden Sie die Blumen zu kleinen Sträußen zusammen.
Schritt 3 — Bringen Sie die Sträußchen so am Rock an, dass die längeren Blütenstände nach unten hängen.

Für dieses Arrangement wurde ein Speisekürbis ausgewählt, der mit seinem wundervollen, sehr blassen Grünton aussieht, als bestünde er aus feinstem Porzellan. Auf ihm ruht die spinnenartige Blattrosette einer Bromelie, deren bizarres Erscheinungsbild die Aufmerksamkeit unweigerlich auf sich lenkt. Die seltsame Pflanze wurzelt nicht in Erde, sie nimmt Feuchtigkeit und Nährstoffe vielmehr über winzige weißlich graue Saugschuppen auf, die ihrer Oberfläche ein leicht staubiges Aussehen verleihen. Das Gesamtarrangement besticht durch das raffinierte Farbspiel von Kürbis, Bromelie und schön gemusterten Alpenveilchenblättern, die zusammen mit weißen Alpenveilchenblüten in ausgehöhlten weißen Zierkürbissen arrangiert wurden.

Wenn es um die Farben des Herbstes geht, kommt uns Weiß nicht spontan in den Sinn. Eher sind es die zu dieser Jahreszeit allgegenwärtigen Bronze- und Goldtöne, an die wir denken. Doch wie steht es mit weißen, intensiv duftenden Chrysanthemenblüten, mit weißen Kürbissen und Silberlingen, von deren runden Früchten silbrig weiße, durchscheinende Scheidewände übrig bleiben, wenn die Fruchtwände sich gelöst haben? Sie alle lassen uns an die frostige Frische eines klaren Herbstmorgens und reifbedeckte, im ersten Sonnenlicht glitzernde Spinnweben denken.

Anleitung Herbstkranz

Kränze passen zu allen Jahreszeiten. Für einen Frühlingskranz eignen sich kleine 'Tête-à-Tête'-Narzissen mit ihren Zwiebeln. Ein Kranz aus Rosen, Hortensien, Jasmin und Pfingstrosen ist ein schöner sommerlicher Türschmuck. Dieser schlichte Herbstkranz besteht aus Birnen und belaubten Eichenzweigen. Ein Hauch weißer Farbe erweckt den Eindruck, als sei der Kranz von Raureif überzogen. Für Kränze mit so schweren Bestandteilen wie Früchten empfiehlt sich die klassische Konstruktion mit Moos und Draht, wenn Sie vermeiden wollen, dass Zierstücke abfallen, sobald jemand die Tür zuschlägt. Frische Blumen steckt man dagegen in einen Kranz aus Feuchtsteckmasse.

Schritt 1 — Befestigen Sie an einem fertigen Drahtreif mit dünnem Wickeldraht so viel Moos, dass schwere Bestandteile wie die Birnen später gut fixiert werden können.

Schritt 2 — Durchbohren Sie die Birnen erst quer zu ihrer Achse, dann in Längsrichtung mit Blumendraht, und drehen Sie dann die Drahtenden zusammen.

Schritt 3 — Binden Sie die Eichenzweige mit Draht zu Sträußchen.

Schritt 4 — Befestigen Sie die Früchte und Sträußchen, indem Sie deren Drahtenden in den Mooskranz drücken, miteinander verdrehen und anschließend unter dem Moos verbergen.

Schritt 5 — Besprühen Sie den Kranz mit einem Hauch weißer Farbe, um ihm einen frostigen Schimmer zu verleihen.

Makellose Schneeglöckchen, sternförmige Christrosen und majestätisch anmutende weiße Amaryllis gehören zu den Winterblumen, auf die ich mich besonders freue – sie sind Kostbarkeiten, für die es sich lohnt, kalte Füße und eine rote Nase zu bekommen! Weiße Blumen haben etwas Erlesenes an sich, und ich habe viele Kunden, die nichts anderes wollen. Das bereitet keine Probleme, da weiße Blumen auch im tiefsten Winter in großer Auswahl zu haben sind. Für kleine Sträuße eignen sich Anemonen, Freesien, Narzissen, Ranunkeln und Chincherinchees *(Ornithogalum thyrsoides)*, für mittlere und hohe Vasen hingegen Lilien, Orchideen, Chrysanthemen, weiß blühende Zweige, Pfingstrosen, Rosen und Hortensien in unterschiedlichsten Weißtönen.

Rechts — Von links nach rechts sind abgebildet: Chincherinchees, deren sternförmige Blüten in kegelförmigen Trauben an der Spitze langer, glänzender Stängel stehen und nach und nach von der Basis her aufblühen; mit winzigen Blütenknospen bedeckte *Prunus*-Zweige, die es schon ab Anfang Januar zu kaufen gibt; weiße, in vielen Zuchtsorten erhältliche Narzissen, deren sternförmige kleine Blüten einen unglaublich intensiven Duft verströmen; die Rispe einer weißen *Phalaenopsis* mit ihren wächsernen Blüten, die sich langsam öffnen, um dann einen Monat oder auch länger zu blühen; daneben – aus einer Vielzahl unterschiedlich blühender Kultursorten ausgewählt – eine Chrysantheme mit kugelförmigem Blütenkopf aus dicht stehenden, einwärts gekrümmten Blüten; dicht gefüllte Ranunkeln mit ihren hauchzarten Blütenblättern und schließlich, ganz rechts, eine anmutige, in ihrer Schlichtheit sehr exklusiv und stilvoll wirkende Kalla, deren Blütenkolben von einer trichterförmigen fleischigen Blütenscheide umgeben ist.

Links — Wenn ich ein Blumenarrangement für einen festlichen Anlass kreiere, suche ich oft nach einer Alternative zu den traditionellen Gestecken. Dieser Warenständer aus den 1960er Jahren war perfekt geeignet, um ihn mit weißen Blumen – Rosen, Dahlien, Chrysanthemen, Hortensien, Amazonaslilien *(Eucharis)* – und Zierkürbissen zu füllen. Da die Dekoration lediglich für einen Abend bestimmt war, kamen die Blüten ohne Wasser aus.

Oben — Gleichgültig, wie viele Vasen man besitzt – hin und wieder lässt sich für die Umsetzung einer bestimmten Idee einfach kein passendes Gefäß finden. Hier habe ich einen Glaskubus gewählt, ihn mit silberfarbenem Leder umwickelt und mit weißen Ranunkeln gefüllt. Die Blütenstiele wurden lediglich zurechtgeschnitten, so dass die Blumen ganz natürlich über die Seiten herabhängen konnten.

Oben — Diese Rosenblüte wirkt, als wäre sie gerade in einem Garten gepflückt worden. Tatsächlich aber handelt es sich um eine gewerblich gezogene Rose, die durch kunstvolles Zurechtzupfen in eine voll erblühte, leicht zerzauste Gartenrose verwandelt wurde. Das weichere, natürlichere Aussehen erhält die Rose, indem man einige Blütenblätter wegzupft, um die gelben Staubgefäße freizulegen.

Rechts — In den kalten Wintermonaten treiben aus Büscheln derber, glänzender Blätter fleischige braune Stängel, an deren Enden sich makellose weiße Blütensterne öffnen: die wunderbaren Christrosen *(Helleborus niger)*.

Grün

Grün ist die Farbe der belebten Natur. Meist bringen wir Grün zwar weniger mit Blüten als mit Blättern in Verbindung, doch dies beginnt sich gerade zu ändern: In den letzten zehn Jahren sind nämlich einige außergewöhnliche grüne Blumen auf den Markt gekommen. Der Chrysantheme und der vielgeschmähten Nelke haben grüne Varianten ein neues Image beschert und sie wieder in Mode gebracht. Rosen, Anthurien und Ranunkeln haben ebenfalls von der „grünen Welle" profitiert. Fügt man noch die schon älteren, grün blühenden Formen von Kalla, Gladiole, Hortensie, Wolfsmilch *(Euphorbia)* und Nieswurz hinzu, ergibt sich eine schier unendliche Palette

Was gibt es Schöneres als die ersten schlanken Triebe der Osterglocken, wenn der graue Winternebel endlich von den kräftigen Strahlen der Frühlingssonne vertrieben worden ist? Was gibt es Herrlicheres als das frische, saftige Grün der ersten zarten Blätter, die aus den Knospen der Bäume sprießen? Selbst wenn noch tiefster Winter herrschen sollte – verzweifeln Sie nicht! Sie können selbst für frisches Grün sorgen: Eine grüne Vase mit weißen Blüten, grün gestrichene Äste, grün getöntes Wasser oder grüne Kiesel, mit denen Sie das Substrat Ihrer Zimmerpflanzen abdecken, helfen Ihnen dabei.

Links — Eine zartgrüne Nieswurz (hinten links) wurde in eine lindgrüne Schale gesetzt und mit grünen Glasstückchen dekoriert. Davor wurden grüne Gläser mit Haarhirse *(Panicum capillare)*, Frauenmantel *(Alchemilla mollis)* und Schneeball *(Viburnum opulus)* angeordnet. Neben ihnen leuchtet ein grün gestrichener Ast in einer hohen transparenten Glasvase. In einer innen mit grünen Glasstückchen dekorierten Schale stehen knospende Osterglocken, in einer grünen Plastikschüssel Hyazinthen mit noch geschlossenen Blüten. Hinter einer weiteren grünen Nieswurz drängen sich in einer hellgrünen Schale Blattrosetten von Zierkohl, und ganz im Hintergrund sorgt das dunkle Grün zweier Agavenblätter für einen schönen Farbakzent.

Oben — Eine eindrucksvolle Großaufnahme einer grünen Ranunkelblüte. Mit ihren kurzen, gekräuselten und nach innen gerollten Blütenblättern unterscheidet sich diese Variante deutlich von ihren bunten „Schwestern".
Rechts — Aus einer schwarzen Glasvase schaut ein mit grünen Ranunkeln eingefasstes Bukett einer ausgesprochen aparten, doch leider äußerst kurzlebigen Blume hervor. Das Wolfsschwertel *(Hermodactylus tuberosus)* hat ungewöhnliche hellgrüne Blüten mit samtig schwarz gezeichneten Hängeblättern, ist aber nur selten als Schnittblume erhältlich. Am Fuß der Vase sehen wir eine Primel mit dunklen, gelb eingefassten Blüten.

Links — Um das Thema Grün auf die Spitze zu treiben, habe ich eine Sockelvase mit grüner Leuchtfarbe besprüht. Die Stiele der Kalla, die ich so lang und gerade wie möglich belassen habe, wurden knapp unterhalb der Blütenstände mit Plastikstrohhalmen in der Farbe der Vase zusammengefasst. Bändchen verbergen die Drähte, die die Röhrchen verbinden. Die Basis der Stängel ist nicht wie üblich von Moos, sondern von filigraner Haarhirse umgeben.

Oben links — Ich liebe diese Wolfsmilch *(Euphorbia)*, die schon im zeitigen Frühjahr den Garten mit ihren Blüten aufhellt. Da ihr Milchsaft die Haut reizen kann, ist allerdings ein wenig Vorsicht geboten.

Oben — Nahaufnahme einer grünen Nieswurz, die deren zarte Zeichnung erkennbar macht.

Mit den Jahreszeiten verändern sich auch die Grüntöne. Dieses Arrangement lässt uns an den Spätsommer oder sogar Frühherbst denken. Von links nach rechts: In einer grünen Vase umrahmen zwei große, dunkel glänzende Hortensienblätter (auch im Handel erhältlich) den länglichen Blütenkopf einer Edeldistel. Daneben steht eine einzelne, ihrer gelben Randblüten beraubte Sonnenblume, die trotz ihrer „Nacktheit" ausgesprochen interessant aussieht. Es folgen die Blattrosette eines Zierkohls sowie knospende Seitentriebe eines Rittersporns, die mit hell gemustertem Gras kombiniert wurden. Ganz rechts rundet eine silbrig graue Mohnkapsel das Bild ab.

Links und unten — Eine Gliederpuppe hält eine langstielige Mohnkapsel mit ungewöhnlicher „Halskrause" in ihren Armen. Wir nennen die Sorte „Henne mit Küken", weil die Kapsel wie eine von Küken umringte Glucke aussieht. Ich mag Samenkapseln in einem Bukett – sie sind zwar nicht im herkömmlichen Sinne schön, aber dank ihrer Form höchst interessant. Es bereitet mir immer großes Vergnügen, meine Buketts mit einer Überraschung zu „würzen" und zu beobachten, wie die Empfänger über Blüten, Blätter und Früchte, die sie noch nie zuvor gesehen haben, staunen.

Ich liebe die warme Brise, die über das Land mit seinen Bäumen und noch grünen Weizenfeldern streicht, das Gemüse in den Schrebergärten, hoch mit Äpfeln, Stachelbeeren und Reineclauden beladene Marktstände und sommerliche Wiesen, die von oben wie ein grüner Flickenteppich aussehen. Auch mein eigener Garten ist von einem kräftigen Grün, in das sich nur hier und da etwas Farbe mengt. Sogar die bunten Blüten haben zunächst ein grünes Gewand: die pelzige, graugrüne Hülle der Mohnknospe, die aufplatzt, um zerknitterte farbige Blütenblätter freizugeben, oder die glatte Hülle anderer praller Knospen, etwa von Rosen, Lilien oder Pfingstrosen.

Anleitung Grüne Kugel

Mit ihrer stattlichen Höhe von einem Meter eignet sich diese schlanke Vase mit dem Gesteck aus Hortensien und Amarant gut als Tafelschmuck, da sie die Sicht auf das Gegenüber nicht versperrt.

Schritt 1 — Füllen Sie etwas Wasser und einige zusammengerollte Grashalme (oder Farbstoff, Kieselsteine, Kies …) in die Vase.
Schritt 2 — Befestigen Sie eine Schale auf der Vasenöffnung, und füllen Sie sie mit Feuchtsteckmasse, die mit Klebeband fixiert wird.
Schritt 3 — Setzen Sie die Hortensien so, dass ihre Blütenbälle eine Kugel bilden und die Steckmasse verdecken.
Schritt 4 — Dekorieren Sie das Gesteck mit dem Amarant.

Unten und rechts — Erst aus der Nähe lassen sich die wundervollen Farbschattierungen der Rose 'Illusion' richtig erkennen. Anders als die meisten anderen Schnittrosen werden die Blüten dieser Sorte erst dann geschnitten und auf den Markt gebracht, wenn sie sich am Strauch geöffnet haben. Hier wurden 'Illusion'-Rosen in einem flachen, grünen, mit Steckmasse ausgekleideten Korb zwischen herrlich bläulich bereiften Blättern von Winterkohl arrangiert – eine neue Interpretation des Wortes „Kohlrose".

Die letzten grünen Blätter im Herbst sind besonders kostbar, denn schon bald verfärben auch sie sich, lösen sich von den Bäumen und segeln, vom Wind getrieben, zu Boden. Wir feiern die Erntezeit, indem wir unser Zuhause mit herbstlichem Laub schmücken. Doch heute steht uns auch ein reiches Angebot an grünen Blumen zur Verfügung, mit denen wir dekorieren können: Nelken, Chrysanthemen, Zinnien sowie grüne Anthurien aus den Tropen. Allerdings mische ich tropische Blumen nur ungern mit Pflanzen aus dem Garten. Für Erstere hält der Handel das ganze Jahr über eine große Auswahl an tropischem Grün bereit, darunter riesige *Monstera*-,

Oben — Kleine Zieräpfel kommen gut zur Geltung, wenn man sie zwischen zwei ineinandergestellte farblose Glasvasen füllt. Man kann sie aber auch mit Draht an falschen Zweigen befestigen und zu einem Bukett binden. Es empfiehlt sich, die Äpfel hierfür genauso vorzubereiten wie die Birnen auf Seite 66.
Oben rechts — Bevor Sie Kohlblätter in einem Gesteck verarbeiten (siehe Seite 88), sollten Sie deren Rippe an der Blattbasis freilegen und diese dann schräg abschneiden, damit sie sich mühelos in Steckmasse drücken lässt.
Rechts — Diese aus Grasbaumblättern geflochtene und mit Venusschuhen verzierte Girlande ist vielseitig verwendbar. Sie kann bei einer Hochzeitsfeier den Eingang schmücken oder um eine große Vase geschlungen werden.

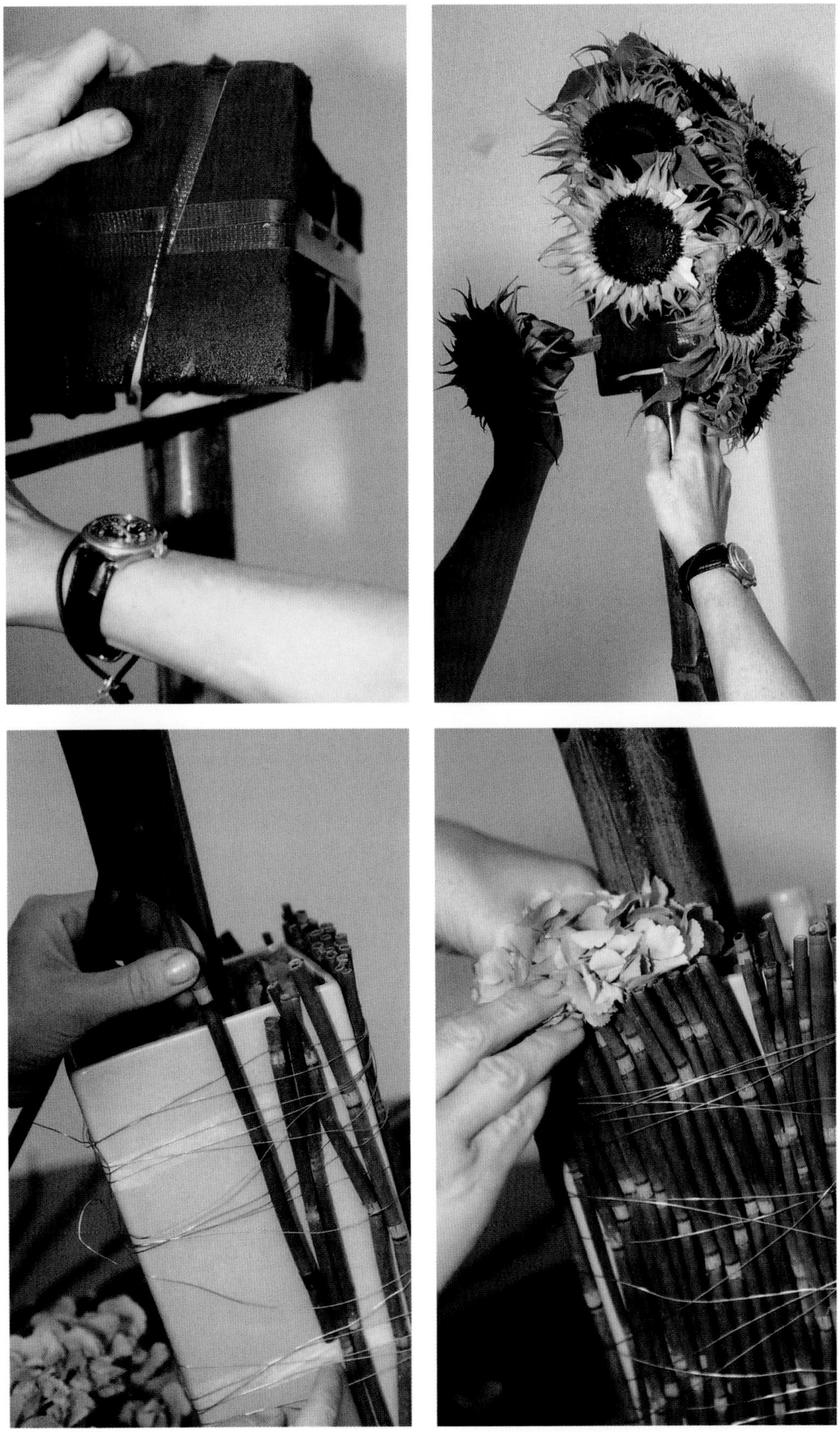

Anleitung Blumenbaum

Dieser „Baum" aus grünem Pflanzenmaterial verschmilzt fast mit dem Trompe-l'Œil-Hintergrund, was der Szenerie eine nahezu dreidimensionale Anmutung verleiht. Zu besonderen Anlässen können auch mehrere „Bäume" unterschiedlicher Größe und mit unterschiedlichen Blumen zum Einsatz kommen – größere für den Boden, kleinere als Tischdekoration.

Schritt 1 — Wählen Sie ein hohes rechteckiges Gefäß, füllen Sie es mit Feuchtsteckmasse, und stellen Sie den Bambusstamm hinein. Binden Sie dann Blöcke feuchter Steckmasse mit Blumenband am oberen Ende des Stamms fest.
Schritt 2 — Schneiden Sie die Stängel der Sonnenblumen schräg ab, und drücken Sie ihre Enden so in die Steckmasse, dass eine Blumenkugel entsteht.
Schritt 3 — Verkleiden Sie das Gefäß mit Schachtelhalm, indem Sie dessen Sprossabschnitte mit grünem Draht fixieren. Anstelle von Schachtelhalm lassen sich auch große glänzende Blätter (z. B. von *Aspidistra*) verwenden.
Schritt 4 — Füllen Sie die Lücke zwischen Gefäßrand und „Stamm" mit Moos oder anderem grünen Material wie etwa den hier gezeigten Hortensienblüten.

Diese mit Blumen dekorierten japanischen Speisegefäße (Bento-Boxen) sind eine witzige Alternative zu traditionellen Tischdekorationen. Am besten wirken sie natürlich bei einem Anlass mit Bezug zum Fernen Osten. Sie können mit Blumen jeglicher Farbe dekoriert werden – zur Zeit der Kirschblüte wäre z. B. Rosa ideal. Legen Sie zunächst eine dünne Schicht feuchter Steckmasse auf den Boden der Box, und fertigen Sie dann das Schachtelhalmgitter, indem Sie die Sprossabschnitte mit einem dekorativen Material zusammenbinden. Füllen Sie anschließend jedes Fach mit einer oder mehreren Blumen bzw. Früchten, und arrangieren Sie diese wie Leckerbissen in einem japanischen Restaurant.

Links — Hier habe ich sechs unterschiedlich geformte, grün angemalte Haushaltsflaschen aus Kunststoff mit grüner *Skimmia*, noch fest geschlossenen Haselnusskätzchen und derben, auf der Unterseite filzig braun behaarten Magnolienblättern gefüllt.

Unten links — Chrysanthemen der Sorte 'Green Wonder' sehen von nahem wie Seeanemonen aus.
Unten — *Skimmia* eignet sich ausgezeichnet für Hochzeitssträuße, weil sie feste Blätter hat, die kaum Feuchtigkeit verlieren und somit nicht welken.

Für Floristen sind Blätter und belaubte Zweige stets, insbesondere aber zu Weihnachten ein wichtiges Arbeitsmaterial. Glänzender Lorbeer, Magnolienblätter, Stechpalmen- und Kiefernzweige sind für traditionelle Kränze und Girlanden unverzichtbar. Der würzige Duft des Weihnachtsbaums ist von früher Kindheit an mit freudiger Erwartung verknüpft. Ich selbst liebe dieses nostalgische Gefühl noch immer! In den Zimmern meiner Kinder stehen jedes Jahr kleine Bäume, die auch als Adventskalender dienen. Die Idee, auch meinen Hund Ted mit einem solchen Baum zu beglücken, erwies sich als nicht so gut, weil er alle daran befestigten Leckerbissen in einer Nacht verschlang und prompt krank wurde!

Oben — Ich mag mit Flechten bewachsene Äste. Man kann sie mit Raffiabast zu kleinen Bündeln schnüren und zum Dekorieren bepflanzter Körbe verwenden. Flechten wachsen in feuchten Wäldern, haben eine gräulich-grüne Farbe und eine weiche Struktur, werden aber sehr spröde, wenn man sie trocknet. Geschmeidiger sind Flechten, die man im Laden kaufen kann, da sie mit Glycerin behandelt wurden.

Oben — Die wunderschön gemusterten Alpenveilchenblätter, die wir hier in Großaufnahme zeigen, eignen sich ausgezeichnet für den Blumenschmuck einer Hochzeit, da sie aufgrund ihrer Struktur sehr haltbar sind.

Rechts — Einzelne Papageientulpen, die von glitzernden Broschen gehalten werden. Bemerkenswert ist die ausgeprägte grüne Zeichnung, die weiße Papageientulpen anfangs aufweisen.

Gelb

Warm wie milder Sonnenschein oder sauer wie der Saft einer Zitrone? Gelb kann herzerwärmend und einladend, aber auch grell und aufdringlich wirken. Es erfüllt uns mit Entzücken, wenn wir ein flauschiges, frisch geschlüpftes Küken erblicken, Butterblumen pflücken oder Sonnenblumenfelder bewundern, deren Blütenköpfe sich der wärmenden Sonne zuwenden. Andererseits taufte man im Viktorianischen Zeitalter eine gelbe Rosensorte 'Jealousy' (Eifersucht). Ist Gelb also mit Vorsicht zu genießen – oder einfach nur Sonnenschein in der Vase?

Diese Blumen zeigen uns, was das Frühjahr an warmen Gelbtönen zu bieten hat. Von links nach rechts sehen wir: zwei dunkle, gelbumrandete Primelblüten neben einer gelben Kalla, eine orangefarbene und eine über die Seite hinausragende gelbe Ranunkel, eine gelbe Tulpe („zu Füßen“ der gelben Ranunkel) sowie verschiedene Narzissen. Die in großer Formen- und Farbenvielfalt erhältlichen Tulpen sind ebenso typische Frühlingsblüher wie die ebenfalls in Dutzenden von Sorten vorhandenen Narzissen, von denen hier gelbweiße 'Ice Follies', traditionelle, sehr großblumige gelbe Osterglocken ('Dutch Master') und die Miniatursorte 'Tête-à-Tête' (ganz rechts) zu sehen sind. Nicht abgebildet, aber auch sehr reizvoll ist die weniger bekannte Sorte 'Bridal Crown' mit cremefarbenen knopfförmigen Blüten und einem milderen Duft. Stellen Sie Narzissen in kühles Wasser und an einen nicht zu warmen Platz, damit sie länger halten – es sind zarte Wesen, die es wert sind, mit besonderer Sorgfalt behandelt zu werden.

Unten — Die gelb eingefasste Blüte einer Primel, die mit ihrer besonderen Färbung an eine Aurikel, also eine nahe Verwandte aus der großen Familie der Primelgewächse, erinnert.
Unten rechts — Ranunkeln werden in vielerlei Farben gezogen. Sie gehören zu den Hahnenfußgewächsen, sind aber im Gegensatz zum einfachen Hahnenfuß dicht gefüllt, so dass aus prallen Knospen ganz bezaubernde Blüten hervorgehen.
Rechts — Eine Komposition in leuchtendem Goldgelb: von der Kalla und einer einzelnen Orchideenblüte *(Cymbidium)* über gelbe Hyazinthen, Narzissen und Ranunkeln bis zu gelbgeränderten Primeln.

Im Frühling leuchten gelbe Blumen so strahlend, dass sie wie ein Symbol des Neuanfangs wirken. Ich liebe die Intensität dieses Gelbs und den Duft der Blüten. Besonders gern mag ich Hyazinthen mit Zwiebeln. Zu ihren blau, rosa und weiß blühenden Sorten hat sich nun eine Neuzüchtung mit gelben Blüten gesellt. Ihr Duft ist in einem kleinen Raum zwar überwältigend stark, für eine Frühlingsparty aber wunderbar geeignet. Früher habe ich stets behauptet, dass ich gelbe Blumen nicht sonderlich mag. Inzwischen aber finde ich gelbe Frühlingsblumen – seien es bescheidene Schlüsselblumen oder stolze Kaiserkronen – richtig aufregend.

REGENT'S PARK
HYDE PARK
GREEN PARK
ST. JAMES'S PARK
RIVER THAMES
BATTERSEA PARK
CLAPHAM COMMON
BROCKWELL PARK
KENSINGTON
WESTMINSTER
SW1
CAMBERWELL
CLAPHAM
BRIXTON
WANDSWORTH
ISLINGTON
MARYLEBONE
SOUTHWARK
LAMBETH
BATTERSEA
SW8
SW9
SW4
SW11
SW12
SW2
SE5
SE1
SE21
SE22
W2
W11
W8
NW8
EC1
EC2

Links — Eine einzelne neongelbe, in einer gleichfarbigen Glasschale schwimmende Orchideenblüte kann viel hermachen! Auch die in einer gelben Teetasse stehende Osterglocke ist in ihrer ruhigen Schlichtheit wunderschön. Und das winzige Sträußchen aus Kissenprimeln und 'Tête-à-Tête'-Narzissen würde, von einer kleinen Kinderhand überreicht, regelrecht kostbar wirken.

Oben — Warum jemanden nicht einmal auf witzige Art wecken? Sie ersetzen sein Frühstücksei durch dottergelbe Ranunkeln und füllen zum Frischhalten etwas Wasser in die Eierschalen.

Anleitung Tulpenstrauß

Diese großblütigen französischen Tulpen haben ungewöhnlich lange Stängel. Hier wird gezeigt, wie man ihre Vorzüge zur Geltung bringen kann.

Schritt 1 — Beschneiden Sie die Stängel an der Basis, und entfernen Sie Blumenerde und Blattreste.
Schritt 2 — Nehmen Sie die weicheren, etwas welken Blütenstiele, und ordnen Sie diese im Inneren eines großen Goldfischglases kreisförmig an.
Schritt 3 — Fassen Sie die übrigen Blütenstiele zusammen, und schneiden Sie sie gerade.
Schritt 4 — Stellen Sie die Tulpen so in das Glas, dass sie aufrecht stehen oder anmutig über den Rand des Gefäßes herabhängen können.

Gelbe Kalla, Gerbera und distelartige Flockenblumen *(Centaurea macrocephala)* wurden auf drei goldfarbene Behältnisse verteilt. Bei der linken „Vase" handelt es sich um ein wasserdichtes Kuvert aus Noppenfolie, das sich gut an die Bürowand heften ließ. Die Stiele der gelben Gerbera wurden so kurz geschnitten, dass die Blütenköpfe auf dem Gefäßrand aufliegen. Die Flockenblumen sind echte Sommerblumen und deshalb immer nur für kurze Zeit im Handel.

Der Sommer ist meine liebste Jahreszeit, denn es ist herrlich aufzuwachen, wenn die Vögel singen und die Sonne einen warmen, sonnigen Tag verheißt. Gelbe Blumen sehen meiner Meinung nach am besten aus, wenn man sie mit anderen leuchtenden Farben wie Orange, Rot oder Rosa kombiniert. Ich habe das Glück, ein kleines Cottage in Suffolk zu besitzen. Dort wachsen gelbe Blumen wild an den Feldrainen, und in den üppigen Gärten der Umgebung werden bezaubernde bunte Sträuße zum Verkauf angeboten. Diese Blumen sind mir sehr ans Herz gewachsen, weil sie eine ganz andere Anmutung haben als die oft künstlich wirkenden Blumen, die in der Stadt angeboten werden.

Im Sommer, wenn der Himmel blau ist und Schwalben durch die Luft segeln, überkommt mich beim Anblick eines blühenden Sonnenblumenfelds ein starkes Glücksgefühl. Als ich gerade mitten in London meinen Laden eröffnet hatte, bezog ich meine Sonnenblumen noch bei einem Bauern. Einen Tag lang sahen sie wundervoll aus, doch schon am nächsten ließen sie ihre Köpfe hängen. Inzwischen halten Sonnenblumen sehr viel länger und sind das ganze Jahr über zu haben. Außer den hier gezeigten klassischen Sonnenblumen gibt es noch viele andere Sorten, darunter auch solche mit schokoladenbraunen Strahlenblüten.

Happiness

Oben — Dieses Blumenarrangement auf einem mit Wasser gefüllten flachen Kupfertablett hat eine marokkanische Note. Es sollte niedrig platziert werden, damit man es gut von oben betrachten kann. Lebhaft gefärbte Blütenköpfe von Ringelblumen und Dahlien umgeben schwimmend ein von dunkler Sterndolde umrahmtes „Auge", dessen Pupille von einer kleinen Sonnenblume gebildet wird.

Rechts — Wenn ich einen Blumenschmuck entwerfe, suche ich stets nach neuen Ideen. Bei diesem nicht ganz alltäglichen Arrangement ragen aus einem kunstvoll gestalteten kleinen Hügel zitronengelber Gerbera, Kalla und Flockenblumen gelb besprühte Äste empor, die an ihren Spitzen kleine Lampenschirme tragen. Kabel und Stecker geben dem Ganzen eine witzige Note.

Links — Meine Lieblingsblumen sind Pfingstrosen. Es gibt viele Sorten, die man im Garten ziehen kann, doch leider bieten kommerzielle Züchter nur wenige von ihnen an. Für dieses Gesteck habe ich einen klassischen Einkaufskorb mit orangeroter Farbe besprüht und mit Feuchtsteckmasse gefüllt, um darin diese umwerfend schönen, großblütigen zitronengelben und creme- bzw. aprikosenfarbenen Pfingstrosen zu arrangieren.

Oben — Hier sind die puderigen, goldgelben Staubgefäße im Herzen einer aprikosenfarbenen Pfingstrose in Nahaufnahme zu sehen.

Ein Feld mit orange leuchtenden Kürbissen bietet einen prächtigen, leicht skurrilen Anblick – fast könnte man meinen, Marsbewohner seien auf der Erde gelandet und hätten ihre fremdartigen Hüllen zurückgelassen. Für dieses Arrangement wurden zwei große Kürbisse mit kugelförmigen orangefarbenen Glasvasen kombiniert. Die kleinste von ihnen enthält bräunliche, bürstenartige Blütenstände von *Banksia*, die übrigen die orangefarbene Rosensorte 'Milva' sowie etwas zerzaust wirkende Chrysanthemen.

Links — Dieser ungewöhnliche, wie ein Kürbis anmutende Kinderwagen brachte mich zum Lachen. Können Sie sich vorstellen, Ihr Baby darin spazieren zu fahren? Füllt man ihn jedoch mit Kürbissen aller Größen, Formen und Farben, ist er ein echtes Schmuckstück, etwa für ein Schaufenster an Halloween oder zum Erntedankfest.

Unten — Zierkürbisse sind zwar hübsch, jedoch nicht essbar und trocknen bei längerem Liegen aus. Wenn Sie aber an Halloween einen Speisekürbis aushöhlen, um eine Laterne zu basteln, sollten Sie sein Fruchtfleisch aufbewahren, denn es gibt vielerlei Arten, es köstlich zuzubereiten.

Der Herbst ist die Zeit der Gelbtöne. Denken Sie ans Erntedankfest, an goldfarbenen Weizen, gelbe Chrysanthemen und bronzefarbenes Laub. Der Sonnenhut *(Rudbeckia)* ist nur im Herbst zu bekommen, ebenso wie die Goldrute *(Solidago)*, deren lockere Blütenstände ich auch für das Gesteck auf Seite 30 verwendet habe. Zu ihnen gesellen sich Zierkürbisse, die wochenlang halten, sowie große, orange leuchtende Speisekürbisse. Will man vor dem Wintereinbruch noch einmal ein strahlendes Sonnengelb genießen, lässt sich diese Auswahl auch um ganzjährig erhältliche gelbe Sonnenblumen, Lilien oder Rosen ergänzen.

Unten — Diese große, halbgeöffnete Papageientulpe gibt den Blick frei auf ihre schwarzen Staubgefäße. Tulpen waren einst reine Frühlingsblumen. Da sie aber heutzutage das ganze Jahr über verkauft werden, sieht man sie hier neben einem cremefarbenen Weihnachtsstern.

Unten — Weihnachtssterne gibt es in vielen Farben – von strahlendem Weiß über Apricot bis Dunkelrot. Sie kommen vor allem als Topfpflanzen auf den Markt, sind aber auch als Schnittblumen erhältlich. Mit ihrem weißen Milchsaft können sie die Haut reizen.

An Weihnachten waren Osterglocken einst etwas ganz Besonderes. Heute kommen sie bereits im November auf den Markt und werden oft bis in den Mai hinein angeboten. *Craspedia* mit ihrem kugelförmigen Blütenstand an der Spitze eines dünnen Stängels trocknet ohne Wasser rasch aus, ohne ihre Farbe zu verlieren. Sie eignet sich ausgezeichnet als Winterblume, obwohl sie das ganze Jahr über erhältlich ist. Forsythien öffnen ihre kleinen, sternförmigen Blüten, wenn wir sie am nötigsten brauchen. Kalte Wintermorgen, öde Gärten … dann erscheinen sie plötzlich an den Zweigen wie winzige Lichter in der Finsternis. Stellen Sie sie allein oder mit passenden langstieligen Blumen in eine hohe Vase.

Unten — *Craspedia* ist eine eigenartige, an eine große Hutnadel erinnernde Blume, die sehr leicht trocknet. Hier wurden die kugeligen Blütenstände mit ihren nicht ganz leicht zu handhabenden starren, blattlosen Stielen zu zwei dichten Sträußen gebunden und einander gegenüberliegend in einer flachen Schale arrangiert.

Rechts — Dieser Vogelbauer wirkt mit seinem blühenden Forsythienzweig und dem kleinen goldenen Vogel so apart, dass er ein wunderbares Dekorationselement für ein Fest abgeben würde. Im Sommer könnte man das Innere des Käfigs mit blühenden Jasmin- oder Geißblattranken schmücken. Alte Vogelkäfige kann man in Trödelläden zu akzeptablen Preisen erstehen.

Rosa

Rosa ist eine ausgesprochen feminine Farbe: sanft, warm und einladend, aber auch jung, frisch und fröhlich. Rosa lässt an Pfingstrosen, Ranunkeln und Rosen denken – Blüten mit vielschichtigem Charakter, sinnlicher Ausstrahlung und besonderer Anmut. Ich träume davon, einmal nach Marokko zu reisen, um mit eigenen Augen zu sehen, wie sich intensiv duftende rosa Blütenblätter zu Bergen auftürmen, bevor daraus kostbares ätherisches Öl gewonnen wird.

Hier habe ich Frühlingsblumen auf eine sehr mädchenhafte Weise arrangiert. Die Halskette besteht aus rosafarbenen Hyazinthenblüten, die wie Perlen auf Stickgarn aufgefädelt wurden – ein hübscher Schmuck für eine Brautjungfer, aber auch eine nette Beschäftigung für kleine Mädchen an einem regnerischen Frühlingsmorgen. Daneben scheinen kurz geschnittene, gefüllte rosa Tulpen aus einem verspiegelten Schmuckkästchen zu quellen. Ein Plastikkästchen mit etwas Wasser sorgt dafür, dass die Blüten nicht welken. Das i-Tüpfelchen dieser zauberhaften floralen Inszenierung ist ein Parfümflakon, aus dem der Duft in Form einer rosa gemusterten Freesie zu entweichen scheint.
Der wundervolle Freesienduft ist unverwechselbar. Früher erhielt man diese Blume nur in kleinen bunten Sträußen; heute gibt es sie auch langstielig und nach Farben sortiert.

Auf meinem Weg zur Arbeit komme ich jeden Morgen am Regent's Park vorbei. Nach den grauen, feuchten Wintermonaten kann man dort den Frühling förmlich riechen. Ganz besonders freue ich mich jedes Mal auf die ersten Farbtupfer an den Sträuchern und Bäumen. Fröhlich genieße ich die pinkfarbenen Blütenpompons, die in der Frühlingsbrise an den braunen Ästen tanzen. Sie bereiten selbst dann noch Vergnügen, wenn sie später die Gehwege und Rinnsteine bedecken und es so aussieht, als seien bei einer großen Hochzeit riesige Mengen an rosafarbenem Konfetti gestreut worden.

Ganz links — Bei der Sterndolde umgibt ein Kranz schmaler Hüllblätter eine zierliche Dolde aus winzigen Einzelblüten. Diese können je nach Sorte rosa, grün, weiß oder dunkelpurpurn gefärbt sein. Sterndolden sind leicht im Garten zu ziehen und eignen sich gut für Arrangements mit natürlichem Charme.

Links — Nachdem ich weiße Keramikvasen in Form von Gummistiefeln entdeckt hatte, kam mir der Gedanke, dass ihre rosafarbenen Pendants aus Gummi sich ebenso gut als Vasen eignen müssten. Stellen Sie einfach in jeden Stiefel ein Glas mit Wasser, und arrangieren Sie dann blühende Zierkirschzweige darin.

Anleitung Rosa Bukett in Silberschale

Die silberne Henkelschale ist üppig mit herrlichen Frühlingsblumen gefüllt. Hellrosa Hyazinthen, Freesien mit rötlichem Rand, blassrosa Ranunkeln und fein gezeichnete Amaryllisblüten bilden ein Meer aus Rosa, von dem sich magentafarbene Tulpen und lila blühender Flieder abheben. Auf grüne Blätter wird in dem Ensemble vollständig verzichtet.

Schritt 1 — Füllen Sie die Schale so mit feuchter Steckmasse, dass diese etwa 10 cm über den Rand hinausragt.
Schritt 2 — Stecken Sie die Blumen zunächst im hinteren Bereich, und legen Sie dann die Höhe des Gestecks mit einigen Fliederzweigen fest.
Schritt 3 — Da Hyazinthen- und Ranunkelstiele für die Steckmasse zu weich sind, sollten Sie mit einem Fliederzweig Löcher für sie vorbohren. Streichen Sie leicht mit dem Finger über die Ranunkelblüten, um sie zu öffnen.
Schritt 4 — Stecken Sie alle Blumen derselben Art stets in Gruppen, anstatt sie über das Gesteck zu verteilen, denn so wirkt es natürlicher.

Für uns Frauen sind diese wundervollen Blumen unwiderstehlich, da sie rosa und weiblich sind wie Lippenstift oder Eiscreme. Überlegen Sie einmal, wie ihre Farbtöne wohl heißen würden, wenn sie für Lippenstifte bestimmt wären. Wenn ich die Blumen von links oben nach rechts unten betrachte, fallen mir Namen wie „Phlox Pink" (Phlox), „Delphinium Pink" (Rittersporn), „Sultry Stock" (Levkoje), „Sweet William" (Bartnelke), „Sexy Saponaria" (Seifenkraut), „Pretty Peony", „Peony Pink", „Passionate Pink" (Pfingstrosen), „Camiknicker Pink" (Rose), „Flesh Pink" (Prärieenzian), „Raspberry Ripple" (gefleckte Rosen) und schließlich „Antique Rose" ein.

Unten — Bei diesen klassischen, gerade erblühten rosaroten Rosen handelt es sich um kommerziell gezüchtete Schnittblumen aus Holland. Um eine neue Rosensorte zu züchten, bedarf es eines enormen Aufwands an Arbeit und Energie, von den Kosten ganz zu schweigen.

Rechts — Eine witzige Tischdekoration aus Päonienblüten. Die in einem frühen Stadium noch runden und harten Knospen wurden wie köstliche Speiseeiskugeln – cremige „Vanille" und reife „Erdbeere" – in großen Eisbechern „angerichtet" und mit überdimensionalen Eislöffeln dekoriert.

Die Sommermonate bescheren uns eine wunderbare Auswahl an rosafarbenen Blüten: Rittersporn mit rosapurpurnen Blütenkerzen, prächtige, würzig duftende rosa Nelken, rosafarbene Hortensien, wuchernden, rosaweiß blühenden und intensiv duftenden Jasmin und lange, in Senfgelb und Rosa blühende Geißblattranken sowie unzählige herrliche Rosen, deren Farbspektrum von blassem Rosa bis zu grellem Pink reicht.

Links — Eine riesige Teetasse und ein „Muffin" mit rosafarbenem „Zuckerguss". Die Bartnelkenblüten scheinen in der Tasse zu schwimmen. Und der rosa „Zuckerguss" des Muffins besteht aus offenen Päonienblüten, die in einer hauchdünnen Schicht Steckmasse fixiert wurden. Eine kleine burgunderrote Pfingstrosenknospe fungiert als „Kirsche".

Oben — Dahlien gewinnen zu Recht an Beliebtheit. Ihre aus stets perfekt geformten Einzelblüten zusammengesetzten Köpfe gibt es in großer Farbenvielfalt und von Mantelknopf- bis Kuchentellergröße. Ob zahlreich im selben Farbton oder in einer bunten Farbmischung aus kräftigen Gold- und Rottönen – Dahlien sehen immer wunderbar aus.

Oben — Ihre blassrosa Farbe und die hellgrün umrandeten Blütenblätter verleihen dieser Rose ein nostalgisches Flair.

Links — Sehen Sie sich diese Dahlie an! Die geradezu mathematisch exakte Anordnung ihrer Einzelblüten ist schier verblüffend – wie bringt die Natur nur so etwas zustande? Dahlien haben einen typischen, eher würzigen Geruch und sind vielseitig verwendbar. In einer hohen Keramikvase wirken sie sehr elegant, eher rustikal hingegen in einem irdenen Krug oder in Zeitungspapier eingewickelt, wie mein Großvater sie früher immer frisch gepflückt aus seinem Schrebergarten mit nach Hause brachte.

Oben — Pinkfarbene Acrylboxen auf einem Tablett von gleicher Farbe mit samtig gekräuselten Celosien, die jedem Arrangement Struktur verleihen, und pinkfarbenen Levkojen, deren wunderbarer Duft für ihre geringe Haltbarkeit entschädigt.

Anleitung Blumengirlande

Diese Girlande aus Rosen und Päonien (sowie Seifenkraut) sähe an einer Braut, die einen besonderen Blumenschmuck wünscht, wunderschön aus – insbesondere, wenn ihre Enden von Blumenmädchen gehalten würden. Sie könnte aber auch ein Portal oder eine lange, schmale Festtafel schmücken.

Schritt 1 — Schneiden Sie ein langes Stück Bindfaden ab, und knüpfen Sie an ein Ende ein Knäuel Bindfaden.
Schritt 2 — Schneiden Sie die Blütenstiele auf etwa 12 cm Länge zurecht, und binden Sie dann Blume für Blume direkt unterhalb der Blüte und jeweils um wenige Zentimeter versetzt an die Schnur.
Schritt 3 — Haben Sie das Ende der Schnur fast erreicht, binden Sie die letzten Köpfe in der Art fest, dass sie herausschauende Stängelenden abdecken. Knoten Sie an jedes Ende der Girlande ein Band, und binden Sie beide Bänder zur Schleife.

Stellen Sie sich vor, dass Sie Ihrer kleinen Tochter dieses Puppenhaus komplett mit Blumengarten schenken. Stachellose Brombeeren und Rosen ranken sich malerisch über das Dach, aus den Fenstern schauen Rosenblüten, und ein Weg aus Hortensienblüten führt zum Eingang. Um einigen der Rosen ein natürlicheres Aussehen zu verleihen, wurden aus ihrer Mitte Blütenblätter gezupft, damit die Staubgefäße zur Geltung kommen konnten.

Wenn der Herbst naht, gewinnen die Rosatöne des Gartens an Tiefe, als bereiteten sie sich nun auf die kühlere Jahreszeit vor. In den Blumenläden bleibt natürlich alles beim Alten, denn hellrosa Rosen, Gerbera und Prärieenzian *(Eustoma)* werden das ganze Jahr über angeboten. Zu ihnen gesellen sich nun jedoch Blumen wie Dahlien oder Hortensien in einem herrlichen Dunkelrosa. So hat jede Saison ihre besonderen Schätze zu bieten, mit denen sie uns zum Blumenkauf verführt. Zum Herbst passen insbesondere satte Farben wie Burgunderrot – ein sanftes Rosa ist eher etwas für verträumte Sommertage …

Links — Stamm und Äste einer Birke wurden rosa angemalt und mit rosa Blüten in kleinen Gläsern behängt – eine raffinierte Methode, um mit wenig Geld eine große Wirkung zu erzielen! Ist das Zubehör erst einmal angestrichen, benötigt man nur noch wenige Blumen für die Dekoration. Bei der Inkalilie (*Alstroemeria*; oberster Ast) sitzen an jedem Stängel so viele Blüten, dass einer für ein Glas ausreicht. Die anderen Blumen – Nerine in zwei verschiedenen Rosaschattierungen – sind teurer und schwerer erhältlich. Doch es gibt im Farbbereich Rosa viele Alternativen, so z. B. Freesien, Rosen oder Hortensien.
Oben — Faszinierende Nahaufnahme einer pinkfarbenen Nerine.

Die Rosatöne des Winters haben einen silbrigen, fast eisigen Schimmer, ihnen fehlt die Wärme ihrer sommerlichen Pendants. Weiterhin steht ein großes Angebot an rosa Rosen zur Auswahl. Doch nun beglücken uns wächserne Anthurien mit ihrer Langlebigkeit, während andere Blumen in der trockenen Heizungsluft rasch dahinwelken. Auch rosafarbene Lilien sind im Winter wunderschön. Der unangefochtene Star der Saison aber ist die rosa blühende Amaryllis, die in verschiedenen Schattierungen zu haben ist. Man sollte sie im Knospenstadium kaufen. Dann kann man beobachten, wie sich ihre großen, trompetenförmigen Blüten öffnen.

Auf Flohmärkten lassen sich herrliche Blumengefäße aufstöbern. Dieses aus den 1920er Jahren stammende Art-déco-Stück, über dessen ursprüngliche Funktion ich mir nicht im Klaren bin, habe ich mit 'Cool-Water'-Rosen dekoriert. Der leichte Lilaton ihrer schönen großen Blüten passt gut zu silbernen Gegenständen. Überhaupt sollte bei der Auswahl von Blumen auch der Stil des verwendeten Gefäßes eine Rolle spielen. Für ein solches Museumsstück sind Rosen mit ihrer glamourösen, leicht dekadenten Anmutung eine gute Wahl. Das Arrangement wäre gut als Tafeldekoration geeignet, wenn ein Blumenschmuck über Augenhöhe gewünscht wird. Dazu wurden Rosen mit zuvor gekürzten, 3 bis 4 cm langen Stängeln halbkugelförmig in einen kleinen Block passend zurechtgeschnittener Feuchtsteckmasse gedrückt.

Links — Blühende Hyazinthen sehen auch mit Zwiebeln sehr hübsch aus. Sie treiben auch bei ausreichend Wasser Blüten. Hier halten farblich zu den Blüten passende Keramikscherben die Hyazinthenzwiebeln über Wasser. Sie sorgen für einen nicht ganz alltäglichen „Recycling-Look", lassen sich aber auch durch andere Materialien wie z. B. Steine oder farbigen Kies ersetzen.

Oben links — Kennen Sie noch diese kleinen, aus Federn gefertigten Hüte aus den 1950er Jahren? Nun, dies ist meine Version – aus flauschigen rosafarbenen Nelken.

Oben — Dies ist nur eine Sorte aus dem reichhaltigen Angebot an rosafarbenen Tulpen. Herrliche, bonbonrosa gezeichnete Blütenblätter mit fein gefransten Rändern geben den Blick frei auf safrangelbe Staubgefäße.

Blau

Heiter und lebensfroh sang Louis Armstrong einst: "I see skies of blue and clouds of white." Die gegenteilige Bedeutung hat die Farbe Blau in der Redewendung „den Blues haben"; hier bezeichnet sie ein schwermütiges Lebensgefühl: Die Nuancen von Blau sind ebenso vielfältig wie die Emotionen, die sie in uns wecken. Denken Sie nur an lästige, metallisch blau schimmernde Schmeißfliegen im Sommer, blau gefrorene Finger in eisiger Kälte oder einen blauen Fleck, der sich gelb und purpurn verfärbt. Eine ganz in Blau gehaltene Blumenrabatte aus Rittersporn, Kornblumen, Clematis, Wicken, *Nigella* (Jungfer im Grünen), Skabiosen und Disteln hingegen muss man mit eigenen Augen gesehen haben, um ihre Schönheit ermessen zu können.

Links — Stiefmütterchen haben einen altmodischen Charme. Um ihn zu unterstreichen, habe ich diese Topfpflanze in einen Bogen grobfaseriges handgeschöpftes Papier gewickelt.
Unten — Diese 'Black-Baccara'-Rosen verdanken ihre bizarre blauschwarze Farbe der blauen Tinte, die sie aufgenommen haben. Sonst mag ich derart manipulierte Blumen nicht.
Unten — Kitsch oder Kunst? „Ostereier" aus Traubenhyazinthen und Vergissmeinnicht in traditionell geformten, leuchtend gelb und rosa angemalten und mit Vögeln verzierten Weidenkörbchen.

Im Frühjahr erfreuen uns die blauen Blütenglöckchen duftender Hyazinthen, winzige Vergissmeinnicht und Traubenhyazinthen sowie Anemonen und Schwertlilien. Ganz besonders aber liebe ich die Sorten der nicht ganz so alltäglichen Bartiris, wie z. B. die dunkelpurpurn blühende 'Ziv'. Bartiris wird im Frühjahr angeboten, und auch die Tatsache, dass die Lebensdauer ihrer Einzelblüten sehr kurz ist, kann ihren Reiz nicht schmälern. Um sich an ihnen zu erfreuen, sollten Sie einen oder zwei Blütenstiele kaufen und sie an einen Platz stellen, an dem Sie sie häufig betrachten können: neben Ihr Bett, auf Ihren Schreibtisch oder sogar ins Badezimmer!

Diese nostalgische Konfektschachtel ist exquisit und schon für sich allein ein Schmuckstück. Geradezu unwiderstehlich wirkt sie aber, wenn man kleine Papierpralinenförmchen nimmt, etwas Wasser hineingibt und dann mit einzelnen tiefblauen Primelblüten dekoriert.

Links — Ein Sträußchen Vergissmeinnicht in einem liebevoll gebauten, mit Silberfarbe besprühten Vogelnest. Nest und Blumen sind winzig und formvollendet wie Schmuckstücke. Keine Sorge – das Nest war schon lange verwaist und verdiente es, gerettet zu werden. Im Frühling sollte man Nester natürlich auf gar keinen Fall anrühren!

Rechts — Warum nicht einmal etwas Unkonventionelles wählen? Vasen müssen nicht immer aus Glas oder Keramik bestehen. Hier dient ein Messingschirmständer, in dem eine mit Wasser gefüllte Plastikflasche steht, als Vase für einen Fliederstrauß.

Komposition in Blau: Ganz links steht blühende Minze; Floristen greifen heute immer häufiger zu würzigen Kräutern, um ihren Buketts Duft zu verleihen. Bei den purpurroten „Gänseblümchen" daneben handelt es sich um Astern, von denen es auch weiß oder lila blühende Sorten gibt. Vor handelsüblichen blauen Schwertlilien mit leuchtend gelb gezeichneten Blüten und den schlanken Blütenähren von *Veronica* fungiert eine türkisfarbene Gießkanne als Vase für eine einzelne blaue Hortensienblüte. Rechts im Vordergrund dient eine blühende Artischocke als Blickfang, und eine zart gefranste Edeldistel *(Eryngium)* in einer hellblauen Vase dahinter, dunkelblauer Rittersporn (nur halb zu sehen) und eine weitere blauviolette Hortensienblüte in einem niedrigen dunkelblauen Stielglas (ganz rechts) vervollständigen das Arrangement.

Links — Aufeinander getürmte Glasschalen wurden jeweils mit etwas blau gefärbtem Wasser gefüllt, auf dem aus Folie gefaltete Boote zwischen farblich auf sie abgestimmten Blüten von Hortensie, Rittersporn und Enzian schwimmen. So wurde das Thema „Ozean" neu interpretiert …

Unten — Als ich Kind war, wuchsen im Garten unserer Nachbarn riesige, blau blühende Hortensienbüsche – die Vorstadtpflanzen der 1960er Jahre. Jahre später stellte ich fest, dass es Hortensien in vielerlei Sorten mit ganz unterschiedlichen Blütenfarben gibt.

Der Sommer ist vermutlich die beste Zeit für blaue Blumen. Denken Sie nur an Hortensien, Kornblumen, Zierlauch und Rittersporn. Wie eine düstere Variante des Rittersporns mutet der hohe und zudem giftige Eisenhut *(Aconitum)* mit seinen dunkelblauen helmförmigen Blüten an. Ganz anders wirkt dagegen die Skabiose *(Scabiosa)* mit ihren weichen, himmelblauen Blütenköpfen oder das Halskraut *(Trachelium)*, dessen flache Blütenstände in allen nur erdenklichen Farbschattierungen von Blau über Lila bis Purpur vorkommen.

Unten — Mit ihren nach innen gerollten Blütenblatträndern erinnert die Hortensiensorte 'Ayesha' an Flieder. Erst wenn man die kleinen Blüten genauer betrachtet, entdeckt man die Vielfalt ihrer Farbnuancen: rote und rosafarbene Äderchen auf hellem Grund, hier und da ein Hauch von Grün sowie winzige bläulich violette Blütenblätter, von denen sich kleine gelbe Staubgefäße abheben.

Unten — Eine Nahaufnahme von radiären Einzelblüten aus der kugelförmigen Blütendolde des Zierlauchs.

Rechts — Dunkle Gefäße sowie ein dunkler Hintergrund vermögen die Wirkung eines Blumenarrangements völlig zu verändern. Ein niedriger Behälter mit lilafarbenem Phlox (ganz links), Hortensien in wunderbarem Dunkelpurpur und hoch aufragender lilafarbener Rittersporn (dahinter) sowie eine Schale mit blauviolett blühender *Veronica* (Mitte) unterstreichen die düstere Stimmung. Die hellen, in einer flachen Schale angeordneten Blüten der Hortensiensorte 'Ayesha' (ganz rechts), eine einzelne 'Bluewater'-Rose sowie eine kirschrote Dahlie (beide im Vordergrund) sorgen dagegen für interessante Farbakzente.

Anleitung Blütenherz

Warum soll es Herzen nur zum Valentinstag geben? Das Symbol der Liebe eignet sich auch für viele andere Anlässe: als Türschmuck für eine Hochzeitsfeier, als Geschenk zur Geburt eines Kindes oder als Präsent zum Hochzeitstag. Auch beim Tod eines geliebten Menschen ist das Herz von alters her ein wichtiges Symbol. Erwähnt man aber bei diesem schmerzlichen Anlass Blumen, verfallen die Menschen meist in Schweigen. Ich denke hingegen, dass gerade mit Blumen Gefühle zum Ausdruck gebracht werden können, für die einem die Worte fehlen.

Schritt 1 — Schneiden Sie aus einer Schicht Steckmasse mit wasserfester Rückseite ein Herz in der gewünschten Größe, und lassen Sie es sich mit Wasser vollsaugen. Kürzen Sie die Blumenstiele auf etwa 2 cm, so dass die Blüten dicht auf der Steckmasse aufsitzen, aber festen Halt haben.
Schritt 2 — Verteilen Sie zuerst die kleineren Blüten auf der herzförmigen Fläche.
Schritt 3 — Stecken Sie dann die größeren Blumen, bis alle Lücken gefüllt sind.

Blauer Rittersporn ist auch noch im Herbst als Schnittblume zu bekommen. Ferner gibt es blaue Hortensien, hellblaue Skabiosen, Kornblumen und *Agapanthus.* Insbesondere in einem modernen Interieur können sich Vasen mit nur einer einzigen Blumensorte sehr gut machen. Bevorzugen Sie einen ungezwungenen Stil, sollten Sie Ihre Blumen aber einfach so kombinieren, wie Sie es aus dem Garten kennen. Ich selbst bin in meiner Arbeit stets darauf bedacht, Blumen so zu arrangieren, wie sie in der Natur wachsen. Nimmt man also beim Anfertigen eines Gestecks anstelle einzelner Blütenstiele jeweils mehrere zusammen, so steigert dies nicht nur ihre Wirkung – es sieht auch natürlicher aus.

Der blumige Inhalt dieser Tasche, der keineswegs willkürlich zusammengestellt wurde, reicht von dunkelpurpurnem Rittersporn (oben) bis zu blasslila Hortensien (unten). Neben den drei verschiedenen Blauschattierungen spielen nämlich auch die unterschiedlichen Formen von Blüten und Blütenständen eine Rolle – ein wichtiger Aspekt bei der Auswahl von Blumen. Rittersporn hat lange, aufrechte Blütentrauben, die einem Arrangement die nötige Höhe verleihen. Enzian ist kürzer und eignet sich mit seinen über den Stängel verteilten Blüten ausgezeichnet für die Gestaltung von Randbereichen. Die großblumige Hortensie – eine der voluminösesten Schnittblumen, die der Handel zu bieten hat – ist hingegen prädestiniert für die Mitte eines Arrangements, da sie Fülle verleiht und das Auge des Betrachters fesselt. „Auf die Ausgewogenheit kommt es an" – ich zögere zwar, diesen Merksatz der traditionellen Floristik auszusprechen, habe aber festgestellt, dass er im Allgemeinen zutrifft.

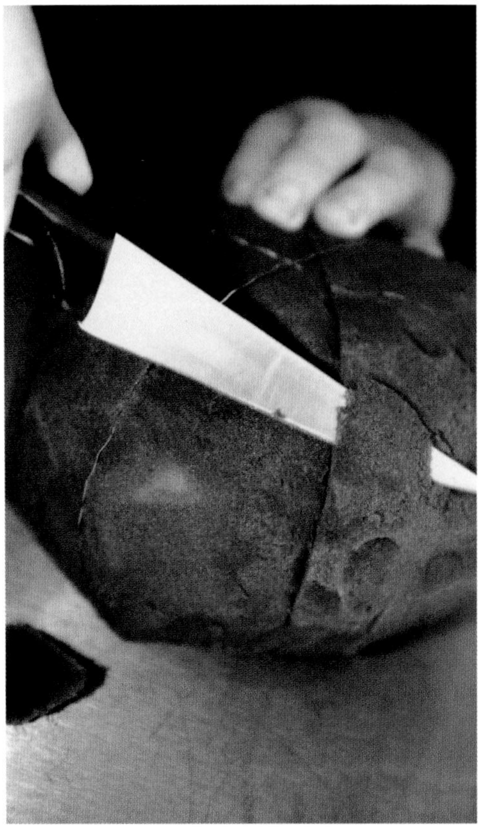

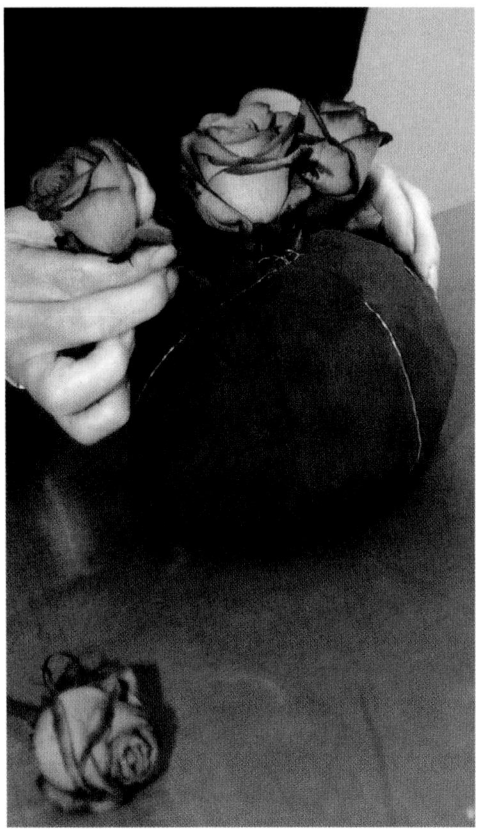

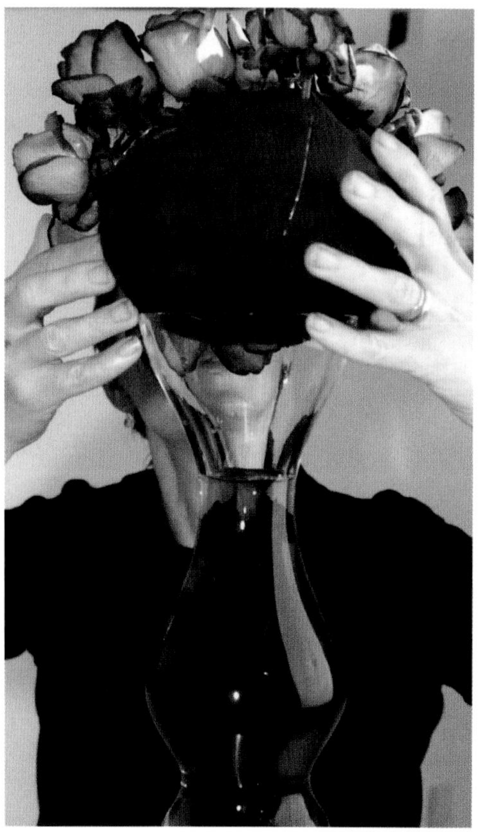

Anleitung Blauer Duftspender

Für diese ungewöhnliche neue Variante eines Duftspenders habe ich weiße Rosen in blaue Tinte gestellt. Es empfiehlt sich allerdings, die Blüten (wenn möglich) schon vorgefärbt zu kaufen. Anstelle von Rosen lassen sich auch Blumen wie Nelken oder Pfingstrosen ohne weiteres färben. Um zu zeigen, dass auch das Wasser gefärbt wurde und seine Farbe nicht den Blumen verdankt, habe ich die Vase nicht bis zum Rand gefüllt, sondern oben ein Stück frei gelassen.

Schritt 1 — Schneiden Sie aus Steckmasse zwei Halbkugeln, und lassen Sie diese sich mit Wasser vollsaugen, bevor Sie sie mit Band zu einer Kugel zusammenfügen.
Schritt 2 — Geben Sie etwas Tinte in die Vase, um das Wasser zu färben (dafür genügt eine sehr geringe Menge).
Schritt 3 — Entblättern Sie die Rosenstiele, und kürzen Sie sie auf 4 cm Länge. Schneiden Sie die Stiele schräg an, damit sie gut in der Steckmasse sitzen und leicht Wasser aufnehmen können.
Schritt 4 — Setzen Sie sich zum Stecken des Blumenballs am besten an einen Tisch, das erleichtert die Arbeit. Setzen Sie die Kugel, sobald Sie sie mit ein paar Rosen gespickt haben, auf den Hals der Vase, und verarbeiten Sie dann die restlichen Blüten.

Links — Orchideen erfreuen sich großer Beliebtheit. Um die steigende Nachfrage zu befriedigen, sind Floristen ständig auf der Suche nach neuen Sorten. Die wunderbare *Vanda* besticht durch ihre aufregende Musterung und Farbe (es gibt auch Sorten mit apricotfarbenen Blüten). An 'Blue Magic' ist hier zu erkennen, dass Details unter Wasser größer wirken und die schöne Zeichnung der Blüten noch deutlicher hervortritt.
Unten — In einer gläsernen Deckelvase ruht ein ganzer Orchideenzweig. Obwohl halb unter Wasser, nehmen die Blüten keinen Schaden.

An dunklen Tagen oder in einer düsteren Umgebung, wie z. B. einer Kirche, können blaue Blumen geradezu mit dem Schatten verschmelzen. Wer eine Winterhochzeit plant, sollte daher helle Blautöne wählen, obwohl das Angebot zu dieser Jahreszeit knapp ist. Immer erhältlich sind blaue Anemonen. Mit ihren samtigen Blütenblättern und dunklen Staubgefäßen sehen sie großartig aus, wenn man sie in einem Goldfischglas zu einem dichten Strauß arrangiert. Purpurfarbene Orchideen sind ebenfalls hübsch und halten tagelang, sie sind allerdings wesentlich kostspieliger.

Oben — Die blauschwarzen Früchte des Lorbeerschneeballs *(Viburnum tinus)* halten sehr lang und können einem Bukett eine interessante Note verleihen. Der Strauch treibt während der kältesten Wintermonate weißlich rosa Blütenstände, die besonders in Hochzeitssträußen hübsch aussehen.

Rechts — Die wegen ihres starken Dufts beliebte Freesie ist eine fantastische Winterblume, die inzwischen fast das ganze Jahr über in vielerlei Farben (Weiß, Creme, Rosa, Gelb, Rot u. a.) und mit gefüllten Blüten angeboten wird. Hier reizte mich der Kontrast zwischen profanen Milchflaschen und edlen bläulichen Freesienblüten.

Blumenverzeichnis

Die Verweise („siehe unter *Seite …*") beziehen sich auf Einträge im Blumenverzeichnis.

Seite 14
Rote **Anemone**, siehe unter *Seite 18–19*.

Seite 16–17
Diese tiefroten **Papageientulpen** *(Tulipa)* sind Exemplare der Sorte 'Topparrot'. Zu empfehlen sind auch 'Rococo', 'Weber's Parrot' und 'Libretto Parrot'. Schlaffe Tulpen erholen sich rasch, wenn man ihre Stiele neu anschneidet und sie in Wasser stellt. Sie behalten die Position bei, in der man sie in der Vase arrangiert hat (hängen also etwa über den Rand herab). Benötigt man gerade Stängel, sollte man die Tulpen in Zeitungspapier einwickeln, bevor man sie ins Wasser stellt.

Seite 18–19
Primeln *(Primula)* sind typische Winter- und Frühlingsblüher. Die fast überall als Topfpflanzen gehandelten Zuchtprimeln (Polyanthus-Gruppe) erhält man mit rosafarbenen, violetten, blauen, weißen, gelben, orangefarbenen und roten Blüten. Mir gefallen die **Aurikeln** *(Primula auricula)* mit ihren nostalgischen Blüten und weißlich bepuderten Stängeln und Blättern am besten.

Anemonen *(Anemone coronaria)* gibt es in vielen Farben. Obwohl Anemonen Frühlingsblumen sind, erhält man sie außer während einer kurzen Sommerpause fast das ganze Jahr über.
Ranunkeln *(Ranunculus asiaticus)* gehören zu den Hahnenfußgewächsen und zeichnen sich durch ein knopfförmiges Zentrum aus, das von unzähligen Schichten zarter Blütenblätter umgeben ist.

Seite 20–21
Die wegen ihres Musters als **Schachblume** bekannte *Fritillaria meleagris* hat zierlich geformte Blütenglocken an äußerst zarten Stielen. Man sieht sie häufiger in Gärten als in Blumenläden, wo sie nur im Frühling als Schnittblume angeboten wird.
Die großen orange und gelb blühenden Kaiserkronen *(Fritillaria imperialis)* sind auch faszinierend, verströmen aber einen strengen Geruch.

Begonia rex ist eine Zimmerpflanze, deren empfindliche Blätter durch ihre wunderschöne silbrig weiß, rot und schwärzlich grün gefärbte Musterung auffallen. Zusammen mit farblich passenden Blumen ergeben sie eine prächtige Kombination aus Formen, Farben und Mustern.
Die kleinen gelbgeränderten Blüten (**Gold-Lace**) gehören zu einer Zuchtprimel. Siehe auch unter *Seite 18–19*.

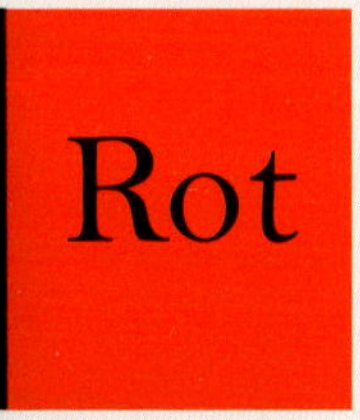

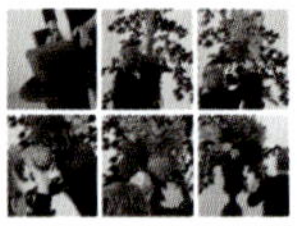

Seite 30–31
Celosia, siehe unter *Seite 28*.
Pfingstrosen, siehe unter *Seite 58–59*.
Aster, siehe unter *Seite 160–161*.
Die stark duftende **Levkoje** *(Matthiola incana)* kommt im Frühjahr und Sommer in Rot, Weiß und Purpur auf den Markt. Sie gehört wie Kohl zu den Kreuzblütlern.
Die **Prachtscharte** *(Liatris spicata)* treibt im Spätsommer Ähren dichter purpurrosa Blütenköpfchen.
Die **Steppenkerze** *(Eremurus stenophyllus)* wird mit bis zu 90 cm langen orangefarbenen, gelben und (seltener) weißen Blütenständen angeboten und ist nur für kurze Zeit im Sommer erhältlich.
Sonnenblumen *(Helianthus annuus)* kann man das ganze Jahr über in verschiedenen Größen und Farben kaufen.
Bei der **Haarhirse** *(Panicum capillare)* tragen die 30 bis 40 cm langen Halme dichte, fedrig-zarte Rispen kleiner Ährchen.

Seite 32–33
Der **Gemeine Schneeball** *(Viburnum opulus)* bildet im Herbst durchscheinende, glänzend rote Beeren.
'Grand-Prix'-**Rosen**, siehe unter *Seite 22–23*.

Amarant *(Amaranthus)* lässt sich leicht im Garten ziehen und ist von Juni bis Oktober im Handel zu bekommen. Je später der Sommer, desto kräftiger und dicker sind die Stängel und quastenartigen Blütenstände.

Seite 34–35
Amarant, siehe unter *Seite 32–33*.
Dahlien *(Dahlia)* werden in einer unüberschaubaren Vielfalt an Farben, Formen und Größen angeboten. Als Schnittblumen halten sie nur rund eine Woche.

Geben Sie Acht beim Transport und Arrangieren: Oft reicht schon eine kleine unsanfte Bewegung, und die Blütenköpfe zerfallen praktisch vor Ihren Augen!

Seite 36–37
Rosen, siehe unter *Seite 22–23*.
Amarant, siehe unter *Seite 32–33*.
Rote Johannisbeeren und kleine **Weintrauben** werden normalerweise nicht im Blumenladen angeboten. Dabei können diese Früchte in Gestecken wunderschön aussehen.
Gemeiner Schneeball, siehe unter *Seite 32–33*.

Seite 22–23
Hier wurden drei Zuchtsorten der **Rose** *(Rosa)* verwendet: 'Black Baccara' (oben), 'First Red' (Mitte) und die großblütige 'Grand Prix' (unten). Alle drei haben eher flache Blüten wie für das abgebildete Gesteck benötigt.

Seite 24–25
Die **Sterndolde** *(Astrantia major)* hat kleine rosarot oder weißlich gefärbte Blütendolden. Sie ist vor allem als Gartenblume bekannt; einige Sorten werden im Blumenhandel aber fast das ganze Jahr über angeboten.
Die **Bartnelke** *(Dianthus barbatus)* hat flache Blütenstände aus kleinen roten, rosafarbenen oder weißen Blüten. Sie ist sehr haltbar, wird aber nur von April bis Juni in gemischten Sträußen angeboten. Nach Farben sortierte Sträuße sind zu bekommen, aber recht teuer.
Celosia, siehe unter *Seite 28*.
Die **Rosen**sorte 'Circus' ist eine gemusterte Floribunda-Rose.
Rote **Wicken**, siehe unter *Seite 26*.
Die flauschig-lockeren Blütenstände der **Astilbe** gibt es in Weiß, Rosa und Rot.
Dahlien, siehe unter *Seite 34–35*.
Hortensien, siehe unter *Seite 60–61*.

Seite 26–27
Obwohl die **Rosen** 'Soutine' und 'Intuition' kommerziell gezüchtete Sorten sind, sehen sie aufgrund der Zeichnung ihrer Blütenblätter wie Gartenrosen aus. Siehe auch unter *Seite 136–137*.
Kommerziell gezogene **Duftwicken** *(Lathyrus odoratus)* sehen anders aus als die Gartensorten: Ihre Blüten sind größer und die Stiele länger. Mit ihrem blumig-zarten Duft sind sie der Inbegriff von Sommer und heute nicht nur in gemischten, sondern auch in einfarbigen Sträußen erhältlich.

Seite 28
Roter **Bambus** kommt in 50 cm langen Abschnitten in den Handel, wird das ganze Jahr über angeboten und hält monatelang. Als Stütze für schwere Blütentriebe wie z. B. von *Cymbidium* kann ein roter Bambusstab auch als Schmuckelement dienen – insbesondere, wenn die Orchideenblüten im Inneren rot gezeichnet sind.
Die abgebildete ***Celosia** argentea* var. *cristata*, auch **Hahnenkamm** genannt, hat langstielige rot, purpurn oder orange gefärbte Blütenstände, die wie Knittersamt aussehen und etwa zwei Wochen halten. Ihre Blätter sollte man gleich entfernen.

Seite 29
Das **Flammende Käthchen** *(Kalanchoe blossfeldiana)* hat fleischige Blätter und Stiele sowie kleine sternförmige Blüten in Rosa, Gelb, Orange und Rot. Sie ist nur als Topfpflanze erhältlich.

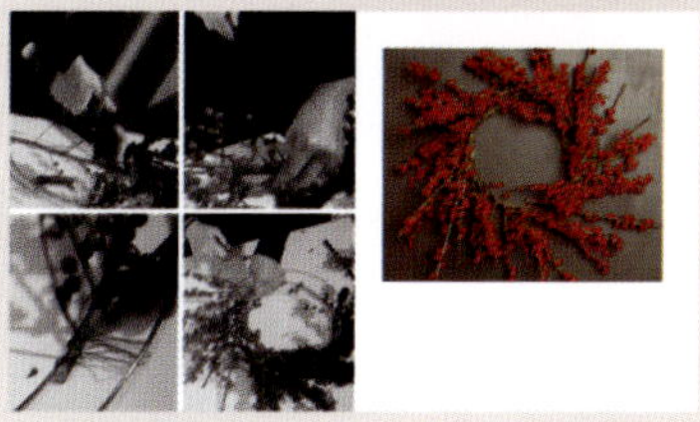

Seite 38–39
Die **Stechpalme** *(Ilex verticillata)* hat dunkle, verholzte Zweige, die nur im Winter angeboten werden. Ihre glänzenden Beeren halten auch ohne Wasser wochenlang.
Hier wurden 'Grand-Prix'- und 'First-Red'-**Rosen** verwendet.
Der **Venusschuh** *(Paphiopedilum)* bildet jeweils nur einen Blütentrieb mit, je nach Art, einer oder mehreren wächsernen Blüten, deren schuhförmige Lippe purpurn, gelb oder grünlich gefärbt sein kann.
Anemonen, siehe unter *Seite 18–19*.
Von der **Gerbera** gibt es unzählige Sorten. Ihre Blütenköpfe unterscheiden sich sowohl farblich (von pink bis schokoladenbraun) als auch in der Form und Größe ihrer Einzelblüten. Vor allem das Zentrum der Blütenköpfe ist variabel (einfach oder halb bzw. ganz „gefüllt").
Vanda, siehe unter *Seite 172–173*.

Seite 40
Die **Amaryllis** *(Hippeastrum)* ist eine fantastische Blume mit großen, eindrucksvollen Blüten an der Spitze eines langen Schafts. Man erhält sie zwischen Oktober und Mai mit einfarbig roten, rosafarbenen, weißen oder pfirsichfarbenen bzw. mehrfarbig gestreiften Blüten. Neuerdings gibt es sogar eine Miniatursorte. Als Schnittblume blüht eine Amaryllis mehr als zwei Wochen lang.

Seite 41
Leucospermum *(Leucospermum nutans)* hat holzige Zweige, an denen neben stacheligem Laub dichte Blütenköpfe mit farbigen, auffallend langen Griffeln sitzen. Die Gattung ist in Australien und Südafrika beheimatet. Die außerordentlich haltbaren Blütenstände sind fast das ganze Jahr über erhältlich.
Anemonen, siehe unter *Seite 18–19*.

Seite 42–43
Der **Hartriegel** *(Cornus alba)* wird vor allem wegen seiner lebhaft rot gefärbten Zweige geschätzt; es gibt aber auch Sorten mit lindgrüner Rinde. Die großen Blätter sollte man entfernen, bevor man die Zweige zurechtschneidet. Letztere halten wochenlang, schrumpfen aber beim Austrocknen allmählich.
Die 'Grand-Prix'-**Rose** ist eine langlebige Rosensorte mit flacher Blüte.

Seite 44–45
Stechpalme, siehe unter *Seite 38–39*.

Seite 46
Die **Kalla** *(Zantedeschia aethiopica)* hat einen dicken, fleischigen Stiel. Die Blüte besteht aus einem Blütenkolben, der von einem trichterförmigen Hüllblatt umgeben ist, das je nach Sorte weiß, gelb, orange, apricot, rosa oder burgunderrot gefärbt ist. Hier ist eine Miniatursorte zu sehen, die gern für Hochzeiten verwendet wird. Kalla ist das ganze Jahr über erhältlich.

Seite 48–49
Kommerziell gezogene Zweige der **Zierkirsche** *(Prunus)* sind gerade und sehr haltbar. Normalerweise werden sie in 1 m Länge angeboten; für größere Gestecke sind sie aber auch länger zu bekommen. Die weiß oder rosa blühenden Zweige sind von November bis April auf dem Markt.

Seite 50
Maiglöckchen *(Convallaria majalis)* zeichnen sich durch glockenförmige kleine Blüten an einem schlanken, blassgrünen Stiel aus. Ihre natürliche Blütezeit ist der Mai. Da die Blume aber gern für Hochzeiten verwendet wird, bietet der Handel sie ganzjährig an. Auch gezüchtete Maiglöckchen verströmen einen herrlichen Duft.

Seite 51
Die **Narzissen** *(Narcissus)* bilden eine umfangreiche Gattung von Zwiebelgewächsen, deren Blütenfarbe von Weiß über Creme und Gelb bis Orange reicht. Diese Paperwhite-Narzissen erhält man mit 30 cm langen blattlosen Stielen. Es sind reine Frühlingspflanzen, doch die Züchter haben ihre Saison so verlängert, dass es sie nun von November bis März gibt.

Seite 52–53
Schneeglöckchen *(Galanthus)* werden bereits im Dezember in winzigen, sehr hübschen Sträußen verkauft. Ihre Stängel sind allerdings so kurz und weich, dass sie sich kaum mit anderen Blumen kombinieren lassen – was aber auch nicht nötig ist!

Seite 54
Zweige der **Salweide** *(Salix caprea)* werden von Züchtern wegen ihrer weichen, silbergrauen „Kätzchen" bereits von Oktober bis April und damit lange vor ihrer natürlichen Saison angeboten. Die geraden Zweige erreichen eine Länge von bis zu 1,8 m.

Weiß

Seite 60–61
Hortensien *(Hydrangea)* werden das ganze Jahr über in einer wunderbaren Farbvielfalt angeboten: in Weiß, Rosa, Blau, Burgunderrot und Grün. Tauchen Sie die Blütenbälle in Wasser, und beschneiden Sie die Stiele, bevor Sie mit einem Arrangement beginnen. Sollten die Hortensien dennoch welken, empfiehlt es sich, sie über Nacht oder zumindest für zwei bis drei Stunden vollständig in kühles Wasser zu legen.

Seite 62–63
Pfingstrosen, siehe unter *Seite 58–59*. Einjähriger **Rittersporn** *(Delphinium)* blüht von Juni bis August. Seine aufrechten Blütentrauben können blau, purpurn, rosarot oder weiß gefärbt sein. Siehe auch unter *Seite 152*. ***Phlox*** bildet an der Spitze seiner Triebe dichte Blütenstände aus stieltellerförmigen Einzelblüten, die außer weiß auch purpurn, lila oder rosa gefärbt sein können. Ihre Saison wurde ein gutes Stück über ihre natürliche Blütezeit im Sommer verlängert. Diese ***Veronica*** hat schlanke weiße, in einer grünen Spitze endende Blütenähren. Sie ist das ganze Jahr über auch in Blau und Rosa sowie Purpur- und Kirschrot zu bekommen. **Zierlauch** *(Allium giganteum)* hat eindrucksvolle kugelförmige, rosa oder lila gefärbte Blütendolden, die im Sommer erhältlich sind.

Seite 64–65
Kürbisse *(Cucurbita)* kann man nur im Herbst auf Märkten oder in Gemüse- bzw. Blumenläden kaufen. Die rosettenförmige **Bromelie** wird so verkauft, wie man sie sieht. Sie muss nicht in Erde gepflanzt werden, da sie als Epiphyt Feuchtigkeit und Nährstoffe aus der Luft aufnimmt. Um die winzigen Blätter und Blüten des **Alpenveilchens** *(Cyclamen)* zu bekommen, benötigen Sie eine entsprechende Topfpflanze. Man erhält sie von Oktober bis März mit rosafarbenen, weißen, roten und purpurnen Blüten.

Seite 55
Diese reinweißen **Tulpen** mit den ausgefransten Blütenrändern sind Exemplare der Sorte 'Honeymoon'. Siehe auch unter *Seite 16*.

Seite 56–57
Paperwhite-**Narzissen**, siehe unter *Seite 51*.

Seite 58–59
Weiße **Pfingstrosen** *(Paeonia)* sind normalerweise von April bis Juni erhältlich. Dank der Importe aus Neuseeland wurde ihre Saison aber bis Dezember ausgedehnt. Vermutlich dauert es nicht mehr lange, bis Päonien das ganze Jahr über angeboten werden. Außer in Weiß gibt es sie auch in verschiedenen Rosa- und Rottönen und mit einfachen oder gefüllten Blüten.
Steppenkerzen *(Eremurus)* sind vorwiegend in Gelb und Orange zu bekommen; das bedeutet, dass man für weiße Blütenstände Spitzenpreise zahlen muss. Siehe auch unter *Seite 30–31*.

Seite 66–67
Diese kleinen **Kulturbirnen** *(Pyrus communis)* sind gelbgrün, aber nicht reif – also genau richtig, um sie auf Draht zu fädeln und als Dekoration zu verwenden. Sie sind nur im Herbst bei ausgesuchten Floristen erhältlich. Dies gilt auch für die kleinen Eicheln, die an belaubten **Eichenzweigen** *(Quercus)* angeboten werden.

Seite 68–69
Die **Chincherinchee** *(Ornithogalum thyrsoides)* ist sehr haltbar und ganzjährig im Angebot.
Weiß blühende Zweige ***(Prunus)***, siehe unter *Seite 48–49*; Paperwhite-**Narzisse**, siehe unter *Seite 51*.
Die ***Phalaenopsis*** ist eine ganzjährig erhältliche Orchidee mit fleischigen, schmetterlingsförmigen Blüten in Weiß, Rosa, Purpurrot und Grün. Die Pflanze blüht rund zwei Monate, die Schnittblume hält sich etwa drei Wochen.
Chrysanthemen *(Chrysanthemum)* sind ebenfalls ganzjährig und in vielerlei Farben und Formen zu bekommen. Beim Kauf sollte man auf die Stängelblätter achten – sie sollten frisch und grün aussehen.
Ranunkeln, siehe unter *Seite 18–19*.
Kalla, siehe unter *Seite 46*.

Seite 70–71
Die großblütigen weißen **Rosen** werden aus Kolumbien eingeführt und sind das ganze Jahr über zu bekommen.
Chrysanthemen *(Chrysanthemum)* mit langen, schmalen Randblüten werden „Spinnenchrysanthemen" genannt und sind extrem haltbar. Bei der anderen hier gezeigten Sorte handelt es sich um 'Resolute'.
Weiße **Hortensien**, siehe unter *Seite 60–61*.
Amazonaslilien *(Eucharis)* haben fleischige, narzissenähnliche Blüten an langen Schäften. Sie eignen sich ausgezeichnet für Hochzeiten, da sie reinweiß blühen und das ganze Jahr über angeboten werden. Die Blütenknospen öffnen sich nach und nach und entwickeln sich besser, wenn man Verblühtes entfernt.
Weiße **Zierkürbisse**, siehe unter *Seite 64–65*.
Ranunkeln, siehe unter *Seite 18–19*.

Seite 72
Eine voll erblühte **Rose**, deren innere Blütenblätter ausgezupft wurden.

Seite 73
Christrosen *(Helleborus niger)* halten sich mindestens zwei Wochen. Für kurzstielige Schnittblumen sind sie allerdings ausgesprochen teuer, was vermutlich damit zusammenhängt, dass sie äußerst rar sind und zu einer Jahreszeit blühen, in der die Gärten nichts zu bieten haben. Als Schnittblumen wie auch als blühende Topfpflanzen sind Christrosen nur im Winter zu bekommen.

Seite 74
Hortensien *(Hydrangea)*, siehe unter *Seite 60–61*.

Seite 76–77
Die **Grüne Nieswurz** *(Helleborus argutifolius)* hat sehr haltbare Blüten und ist von Dezember bis Februar erhältlich.
Der **Großblättrige Frauenmantel** *(Alchemilla mollis)* treibt mitten im Sommer duftig zarte Rispen winziger gelbgrüner Blüten, die etwa eine Woche halten.
Der **Gemeine Schneeball** *(Viburnum opulus)* hat biegsame Zweige mit anfangs gelbgrünen, später weißlichen Blütenständen, die lange halten und nur im Frühjahr angeboten werden.
Wenn Sie treibende **Osterglocken** *(Narcissus pseudonarcissus)* oder **Hyazinthen** *(Hyacinthus orientalis)* im Topf kaufen, können Sie zuschauen, wie sie aufblühen.
Die Rosetten des **Zierkohls** *(Brassica)* werden wie „Schnittblumen" angeboten.
Die graugrünen sukkulenten Blätter der **Agave** sind sehr haltbar.

Seite 78–79
Grün blühende **Ranunkeln** sind recht neu auf dem Markt und daher nicht leicht zu bekommen. Sie halten sich ebenso lang wie ihre bekannteren Verwandten mit den zarten Blütenblättern (siehe unter *Seite 18–19*), sehen aber anders aus.
Das **Wolfsschwertel** *(Hermodactylus tuberosus)* ist mit seinen gelbgrün und schwarzbraun gefärbten Blüten eine echte Rarität. Die zarten Frühlingsblüten sind nur wenige Wochen im Handel und verblühen rasch.
Die **Primel** mit den goldgelb umrandeten Blüten (Zuchtform der Gold-Lace-Gruppe) ist eine Frühlingsblume.

Seite 80
Kalla, siehe unter *Seite 46*.
Die **Haarhirse** *(Panicum capillare)* ist ein beliebtes Ziergras, das seine zarten Blütenstände von Juli bis in den Herbst treibt. Die zunächst weißlich rötliche, dann rötlich braune Farbe der Ährchen hält bis in die Wintermonate.

Seite 81
Diese **Wolfsmilch** *(Euphorbia)*, eine im April und Mai blühende Gartensorte, ist als Schnittblume recht schwer zu finden. Beachten Sie bitte, dass alle Wolfsmilcharten einen weißen Milchsaft absondern, der die Haut reizen kann.
Grüne Nieswurz, siehe unter *Seite 76–77*.

Seite 88–89
Die **Rose** 'Illusion' ist das ganze Jahr über erhältlich. Sie kommt voll aufgeblüht in den Handel und hält dann zwei Wochen.
Blätter von **Kohl** *(Brassica)* sollten Sie in der richtigen Jahreszeit bei Ihrem Gemüsehändler kaufen.

Seite 90–91
Zieräpfel *(Malus)* kommen im Oktober an stark belaubten, geraden Zweigen in den Handel. Wenn die Äpfelchen abfallen, sind sie immer noch frisch genug für ein dekoratives Arrangement.
Seien Sie erfinderisch im Umgang mit **Kohl** *(Brassica)*: Man kann einen Kopf aushöhlen und ihn mit Steckmasse und Blumen füllen oder einzelne schöne Außenblätter dazu benutzen, um ein Blumengefäß zu verkleiden.
Die ganzjährig erhältlichen Blätter des **Grasbaums** *(Xanthorrhoea australis)* sind so fest und gerade, dass sie sich zum Flechten eignen. Aber sie sehen auch in einer schlanken, hohen Vase gut aus.
Venusschuh, siehe unter *Seite 38–39*.

Seite 82–83
Dunkelgrün glänzende Blätter der **Hortensie**, die als Schnittgrün in den Handel kommen, umgeben den Blütenstand einer **Edeldistel** *(Eryngium)*. Entfernt man die verwelkten Randblüten, hält der Blütenkopf einer **Sonnenblume** *(Helianthus annuus)* eine weitere Woche. **Zierkohl** *(Brassica)*, siehe unter *Seite 76–77*.

Die blühenden Seitentriebe eines **Rittersporns** sind viel zu schön, um weggeworfen zu werden. Sie eignen sich bestens für kleinere Buketts (siehe auch unter *Seite 152*). Wenn die zarten Blütenblätter des **Mohns** *(Papaver)* abfallen, bleibt eine graugrüne Fruchtkapsel übrig. Getrocknet kann man Mohnkapseln das ganze Jahr über kaufen.

Seite 84–85
Auch die „Henne-mit-Küken"-Variante der **Mohnkapsel** ist getrocknet immer im Handel zu bekommen. **Edeldisteln** *(Eryngium)* haben sehr stachelige Stängel und Blütenköpfe. Man sollte sie daher nur mit Handschuhen anfassen.

Seite 86–87
Hortensie, siehe unter *Seite 60–61*. **Amarant**, siehe unter *Seite 32–33*.

Seite 92–93
Bambus wird das ganze Jahr über in 1,2 m langen Stäben geliefert. Sie sind so hart, dass man sie nur mit einer Säge zerschneiden kann. **Sonnenblumen**, siehe unter *Seite 82*.

Schachtelhalm *(Equisetum)* ist vielseitig verwendbar – nicht nur in einer Vase, sondern auch zum Verkleiden von Gefäßen; er hält sich nämlich auch ohne Wasser einige Zeit. **Hortensien**, siehe unter *Seite 60–61*.

Seite 94–95
Schachtelhalm, siehe unter *Seite 92–93*. **Weiße Rosen**, siehe unter *Seite 88–89*. **Grüne Hortensie**, siehe unter *Seite 60–61*. **Sonnenblumen** ohne Randblüten, siehe unter *Seite 82–83*.

Grüne **Chrysanthemen**, siehe unter *Seite 68–69*. Kleine **Äpfelchen**, siehe unter *Seite 90–91*. Scheuen Sie sich nicht, Blumen und Früchte wie diese Blüten, Äpfelchen und Limonenscheiben miteinander zu kombinieren.

Seite 96–97
Skimmia ist ein immergrüner Strauch mit glänzenden Blättern und grünen oder roten Blüten, die im Herbst erscheinen und bis zum nächsten Frühjahr halten. *Skimmia*-Blätter werden das ganze Jahr über als Schnittgrün angeboten. Die Kätzchen des **Haselnussstrauchs** *(Corylus)* hängen bereits im zeitigen Frühjahr an den Zweigen und verteilen, wenn sie aufblühen, gelben Pollen. Zweige mit Kätzchen sind nur im Frühling zu bekommen. Diese **Immergrüne Magnolie** *(Magnolia grandiflora)* hat glänzende, auf ihrer Unterseite braun behaarte Blätter. Ihre großen weißen Blüten verströmen einen schweren Duft, kommen aber, anders als die stets erhältlichen Blätter, kaum in den Handel. Eine grün blühende Sorte half, die **Chrysantheme** wieder in Mode zu bringen. Siehe auch unter *Seite 68–69, 70–71*.

Seite 98–99
Solche **Flechten** wachsen in der Natur an Sträuchern und Bäumen. Sie trocknen aber aus, wenn man sie abschneidet. Legt man sie in Wasser, werden sie wieder geschmeidiger. **Alpenveilchen**, siehe unter *Seite 64–65*.

Weiße Papageientulpen *(Tulipa)* sind anfangs kräftig grün gezeichnet. Bevor sie sich öffnen, wachsen die noch geschlossenen Blütenknospen zu fast doppelter Größe heran. Achten Sie beim Kauf von Tulpen auf kräftige grüne Blätter. Siehe auch unter *Seite 16*.

Seite 100
Diese in Frankreich gezüchteten **Tulpen** *(Tulipa)* haben doppelt so große Blüten und doppelt so lange Stängel wie ihre Verwandten. Man erhält sie von Dezember bis April in Weiß, Rot, (Lachs-)Rosa und Gelb.

Seite 102–103
Primeln mit gelbgeränderten Blüten, siehe unter *Seite 20–21*.
Gelbe **Kalla**, siehe unter *Seite 46*.
Ranunkeln, siehe unter *Seite 18–19*.
Tulpe, siehe unter *Seite 100*.
Narzissen, siehe unter *Seite 51*.

Seite 104–105
Primeln mit gelbgeränderten Blüten, siehe unter *Seite 20–21*.
Ranunkeln, siehe unter *Seite 18–19*.
Kalla, siehe unter *Seite 46*.
Cymbidium, eine Gattung der Orchideen, hat wächserne, sehr haltbare Blüten, die in langen aufrechten Trauben stehen und außer in Gelb auch in Rosa, Weiß, Grün, Braun und Creme angeboten werden. Es gibt auch eine Miniaturform.
Die gelben **Hyazinthen** sind eine neue Züchtung. Man erhält sie während der letzten Wintermonate sowie im Frühling als Topfpflanzen oder Schnittblumen.
Narzissen, siehe unter *Seite 51*.
Gelbe **Ranunkeln**, siehe unter *Seite 18–19*.

Seite 106–107
Cymbidium, siehe unter *Seite 104–105*.
Narzissen, siehe unter *Seite 51*.
Kissenprimeln *(Primula vulgaris)* können auch wild vorkommen.
Ranunkeln, siehe unter *Seite 18–19*.

Gelb

Seite 114
Ringelblumen *(Calendula officinalis)* werden in üppigen Sträußen verkauft, die zu einem nicht geringen Teil aus würzig duftenden Blättern bestehen. Die einzelnen Blütenköpfe verblühen rasch, vorhandene Knospen öffnen sich aber nach und nach.
Orangefarbene **Dahlien**, siehe unter *Seite 34–35*.
Sterndolde, siehe unter *Seite 24–25*.
Sonnenblume, siehe unter *Seite 30–31*.

Seite 115
Goldgelbe **Gerbera**, siehe unter *Seite 38–39*.
Kalla, siehe unter *Seite 46*.
Flockenblumen, siehe unter *Seite 110–111*.

Seite 116–117
Pfingstrosen, siehe unter *Seite 58–59*.

Seite 118–119
Kürbis, siehe unter *Seite 64–65*.
Die aus Australien stammende ***Banksia*** hat orangefarbene Blütenköpfe, denen ihre langen, drahtigen, nach innen gewölbten Griffel ein kugeliges Aussehen verleihen und die von starren, grob gesägten Blättern umgeben sind. Man erhält die leicht zu trocknenden Blütenstände vom Spätsommer bis in den Winter.
'Milva'-**Rosen** haben orangefarbene Blütenblätter, die außen rötlich getönt sind und sich als Schnittblumen gut halten. Sie werden fast das ganze Jahr über verkauft.
Die Blütenköpfe der orangefarbenen **Chrysantheme** 'Astro' bestehen aus goldfarbenen, nach innen gewölbten Einzelblüten und halten sich zwei bis drei Wochen. Sie sind vom Spätsommer bis in den Herbst im Handel.

Seite 108–109
Französische **Tulpen**, siehe unter *Seite 100*.

Seite 110–111
Kalla, siehe unter *Seite 46*.
Gelbe **Gerbera** der Kultursorte 'Cosmo', siehe auch unter *Seite 38–39*.
Die gelben, distelartig wirkenden und „strubbelig" aussehenden **Flockenblumen** *(Centaurea macrocephala)* erhält man von Mai bis Juli.

Seite 112–113
Sonnenblumen, siehe unter *Seite 30–31*.

Seite 120–121
Die kleinen **Zierkürbisse** *(Cucurbita)* sind nicht essbar; sie eignen sich nur zu Dekorationszwecken. Man findet sie im Herbst auf Märkten und in Blumenläden.
Die viel größeren **Speisekürbisse** (ebenfalls *Cucurbita*) sind hingegen, wie der Name schon sagt, essbar und werden im Herbst von Gemüsehändlern und auf Wochenmärkten angeboten.

Seite 122–123
Papageientulpen, siehe unter *Seite 16*.
Weihnachtssterne *(Euphorbia pulcherrima)* sind von Oktober bis Februar im Handel. Nach Weihnachten nimmt die Nachfrage allerdings stark ab, weil die Topfpflanzen vor allem während der Festtage verschenkt werden.
Osterglocken *(Narcissus pseudonarcissus)* gehören zur Gattung der Narzissen. Da sich ihre zarten Stängel nicht für Blumengestecke eignen, sollte man sie am besten für sich allein und ganz schlicht arrangieren.

Seite 124–125
Craspedia hat kugelförmige gelbe Blütenstände an der Spitze dünner Stiele. Sie sind ganzjährig zu bekommen und lassen sich leicht trocknen.
Forsythien *(Forsythia)* entfalten gegen Ende des Winters und im zeitigen Frühjahr in den Gärten eine üppige Blütenpracht. Ihre gelben Blütensterne sitzen an kräftigen, verholzten Zweigen. Kommerziellen Züchtern ist es inzwischen gelungen, die Saison des Zierstrauchs so auszudehnen, dass seine blühenden Zweige von August bis in den Mai angeboten werden.

Seite 126
Die **Pfingstrose** 'Sarah Bernhard' (*Paeonia lactiflora* 'Sarah Bernhard') gibt es als Gartenpflanze und als Schnittblume. Die Blüten werden allerdings nur vom Spätfrühling bis zum Frühsommer angeboten. Am besten kauft man sie im Knospenstadium. So kann man dabei zuschauen, wie sie sich langsam öffnen.

Seite 128–129
Hyazinthen (*Hyacinthus*) kann man vom Spätwinter bis in den Frühling als Schnittblumen wie auch als Topfpflanzen kaufen. Abgetrennte kleine Blüten halten einige Tage, bevor sie welken.
Die Stängel dieser gefüllten **Papageientulpen** wachsen auch in der Vase weiter in die Länge. Daher sollte man sie, wenn man das Aussehen eines Arrangements erhalten will, täglich neu anschneiden. Siehe auch unter *Seite 16*.
Freesien (*Freesia*) duften kräftig und halten lange, so dass sie sich gut für Hochzeitsarrangements eignen. Man erhält sie fast das ganze Jahr über und in vielerlei Farben (Lila, Rosa, Weiß, Creme, Gelb, Braun, Purpur und Rot).

Seite 130–131
Sterndolde, siehe unter *Seite 24–25*.
Kommerziell gezogene **Kirschzweige** (*Prunus*) sind lang und gerade – ganz gleich, ob sie rosa oder weiß blühen. Siehe auch unter *Seite 48–49*.

Seite 132–133
Hyazinthen, siehe unter *Seite 128–129*.
Freesien, siehe unter *Seite 128–129*.
Ranunkeln, siehe unter *Seite 18–19*.
Amaryllis, siehe unter *Seite 40*.
Tulpen, siehe unter *Seite 100*.
Flieder (*Syringa vulgaris*) gibt es in Lila, einem dunklen Purpur und Weiß. Anders als der herrlich duftende Gartenflieder ist der gerade gewachsene, kommerziell gezogene Flieder nahezu geruchlos. Dafür hält er bis zu zehn Tage und somit wesentlich länger als der Gartenflieder. Im Sommer ist Flieder nach wie vor nicht zu bekommen, obwohl seine Saison von den Züchtern bereits verlängert wurde.

Seite 140
Eine **Dahlie** mit Seitenknospen. Letztere entwickeln sich allerdings nicht weiter, wenn man sie in die Vase stellt. Siehe auch unter *Seite 34–35*.

Seite 141
Celosia, siehe unter *Seite 28*.
Levkojen, siehe unter *Seite 30–31, 134–135*.

Seite 142–143
Rosen, siehe unter *Seite 136–137*.
Pfingstrosen, siehe unter *Seite 58–59, 126*.
Saponaria, siehe unter *Seite 134–135*.

Seite 134–135
Phlox *(Phlox paniculata)* bildet dicht beieinander stehende Büschel stieltellerförmiger Blüten an den Spitzen seiner etwa 70 cm hohen Triebe. Er wird das ganze Jahr über als Schnittblume angeboten.
Der **Rittersporn** *(Delphinium)* bildet hohe, aufrechte Blütentrauben an hohlen Stängeln und kommt nur für kurze Zeit im Sommer in den Handel. Die herrlich duftenden **Levkojen** *(Matthiola incana)* bilden lange Ähren runder, flacher Blüten, die stets leicht verwelkt aussehen. Siehe auch unter *Seite 30–31*.
Das **Seifenkraut** *(Saponaria)* ist ein zartes Pflänzchen, das ohne Wasser schnell welkt.
Pfingstrosen, siehe unter *Seite 58–59, 126*.
Rosen, siehe unter *Seite 136–137*.
Der haltbare **Prärieenzian** *(Eustoma)* ist fast das ganze Jahr über zu bekommen.

Seite 136–137
Es gab Zeiten, da zögerte man, **Rosen** zu kaufen, weil sie ihre „Köpfe" so schnell hängen ließen. Diese Zeiten sind vorbei, da bessere Ware in den Handel kommt. Wenn man ihre Stiele nach dem Kauf beschneidet und sie in kühles Wasser stellt, halten sich Rosen recht gut.
Pfingstrosen, siehe unter *Seite 58–59, 126*.

Seite 138–139
Bartnelken, siehe unter *Seite 24–25*.
Pfingstrosen, siehe unter *Seite 58–59, 126*.
Dahlien, siehe unter *Seite 34–35*.
Rose, siehe unter *Seite 136–137*.

Seite 144–145
Ranken einer stachellosen **Brombeere** *(Rubus)*, die im Juli zu bekommen sind.
Rosen, siehe unter *Seite 136–137*.
Hortensien, siehe unter *Seite 60–61*.
Dahlien, siehe unter *Seite 34–35*.

Seite 146–147
Die **Inkalilie** *(Alstroemeria)* ist ein wenig aus der Mode gekommen, weil es sie in den 1970er Jahren im Überfluss gab. Wegen ihrer guten Haltbarkeit und einiger wundervoller Farbtöne hätte sie jedoch ein Comeback verdient. Die hübsch gezeichneten Blüten sitzen jeweils zu viert oder fünft am Ende langer Stiele und öffnen sich nach und nach, wenn man die verwelkten Blüten entfernt.
Die **Nerine** wird in Weiß und verschiedenen Rosatönen angeboten. Kaufen Sie die Blüten im Knospenstadium, dann können Sie zuschauen, wie sie sich öffnen. Rosa Farbtöne erhält man fast das ganze Jahr über.

Seite 148–149
'Cool-Water'-**Rosen** mit ihrem Stich ins Lila sind das ganze Jahr über erhältlich.

Seite 150–151
Töpfchen mit austreibenden **Hyazinthen** werden von November bis April angeboten. Blühende Hyazinthen sind auch als Schnittblumen zu haben. Sie halten ewig und verströmen einen unglaublich intensiven Duft.
Nelken *(Dianthus)* waren „out", bis Züchter sie mit neuen Blütenfarben und schöneren Blütenblättern „neu erfanden". Man kann sie das ganze Jahr über in Rosatönen, Weiß, Grün und sogar Terracotta kaufen.
Tulpen, siehe unter *Seite 100*.

Seite 152
Solch hoher **Rittersporn** ist von Mai bis November zu bekommen. Man sollte ihn in eine hohe Vase stellen oder für Gestecke verwenden. Wegen seiner Höhe und geraden Form gilt er als erste Wahl für ein hohes Arrangement auf einem Sockel.

Seite 154
Stiefmütterchen *(Viola tricolor)* erhält man von September bis in den Frühling; es gibt sogar einige Sorten, die im Sommer blühen, aber Hitze nicht so gut vertragen. Stiefmütterchen sind altmodische Blumen, die in allen erdenklichen Farben zu bekommen sind – in hellen Rosatönen, Apricot, Gelb, Rottönen und natürlich auch Blau. Pflücken Sie Verblühtes ab, damit die Pflanze neue Knospen treibt.

Seite 155
'Black-Baccara'-**Rosen** sind den ganzen Sommer über erhältlich.
Traubenhyazinthen *(Muscari)* haben fleischige, aber zierliche kleine Stiele von 15 bis 18 cm Länge, verströmen einen zarten Duft und halten nur kurz. Züchter haben die Blütezeit zwar verlängert, doch reicht sie nicht bis in den Sommer.
Vergissmeinnicht, siehe unter *Seite 158*.

Seite 156–157
Primeln sind von Oktober bis Mai im Handel. Es sind ausdauernde kleine Pflanzen, die eine Blüte nach der anderen treiben und in großer Farbauswahl angeboten werden. Siehe auch unter *Seite 18–19*.

Seite 158
Das **Vergissmeinnicht** *(Myosotis)* hat an sehr zarten Stielen kleine himmelblaue Blüten mit weißer Mitte. Da es für Steckmasse ungeeignet ist, macht es sich am besten in einer Vase. Die Pflanze wächst wild im Garten und sät sich Jahr für Jahr selbst aus. Als Schnittblume wird das Vergissmeinnicht von April bis Juni angeboten.

Seite 159
Flieder, siehe unter *Seite 132–133*.

Seite 166–167
Hortensie der Sorte 'Ayesha', siehe unter *Seite 60–61*.
Rittersporn, siehe unter *Seite 152*.
Edeldistel, siehe unter *Seite 160–161*.

Seite 168–169
Rittersporn, siehe unter *Seite 152*.
Hortensien, siehe unter *Seite 60–61*.
Der abgebildete **Enzian** *(Gentiana)* hat dunkelblaue Blüten, die von Mai bis Juni an halbhohen Stängeln blühen.

Seite 160–161
Minze *(Mentha)* ist von Mai bis Juli zu bekommen und lässt sich auch leicht im Garten ziehen. Langstielige **Astern** *(Aster)* mit purpurnen, rosafarbenen oder weißen Blütenköpfchen sind das ganze Jahr über erhältlich. **Schwertlilien** *(Iris)* sind überall und jederzeit in Blau, Weiß und Gelb im Handel. ***Veronica*** hat eine lange Blütezeit; ihre Stängel können bis zu 60 cm lang werden. **Hortensien**, siehe unter *Seite 60–61*. Blüten der **Artischocke** *(Cynara scolymus)* sind nur für kurze Zeit, meist im Spätsommer (Juli/August), im Handel. **Edeldisteln** *(Eryngium)* haben hohe verzweigte Triebe, an deren Enden die von stacheligen, bläulichen Hochblättern umgebenen Blütenstände sitzen. Es gibt eine Reihe von Sorten, die ganzjährig erhältlich sind. **Rittersporn**, siehe unter *Seite 152*.

Seite 162–163
Hortensien, siehe unter *Seite 60–61*. **Rittersporn**, siehe unter *Seite 152*. **Enzian**, siehe unter *Seite 168–169*.

Seite 164
Hortensien der Sorte 'Ayesha', siehe unter *Seite 60–61*. **Zierlauch**, siehe unter *Seite 62–63*.

Seite 165
Phlox, siehe unter *Seite 134–135*. **Hortensie**, siehe unter *Seite 60–61*. **Rittersporn**, siehe unter *Seite 152*. ***Veronica***, siehe unter *Seite 160–161*. **Rosen**, siehe unter *Seite 136–137*. **Dahlien**, siehe unter *Seite 34–35*.

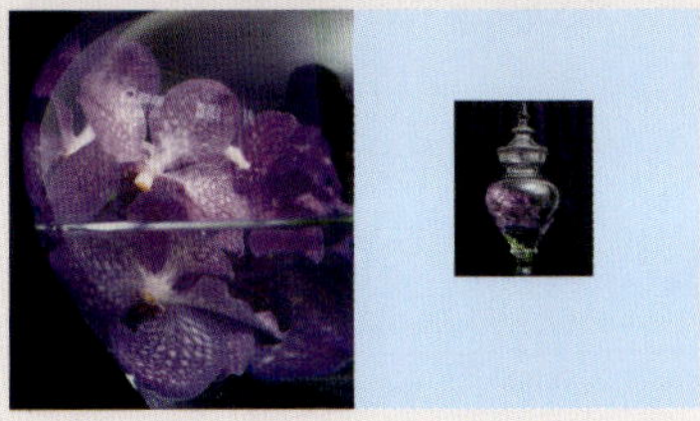

Seite 170–171
Weiße **Rosen**, die in blaue Tinte gestellt wurden, eignen sich ausgezeichnet für eine Tages- oder Abendveranstaltung. Nach einer Weile beeinträchtigt die Tinte allerdings Aussehen und Lebensdauer der Rosen.

Seite 172–173
Vanda (eine Orchideengattung) wird das ganze Jahr über als Topfpflanze und Schnittblume angeboten. Ihre in Trauben angeordneten, etwa 4 cm breiten Blüten sind ideal für die Vase oder Hochzeitsarrangements. An der Pflanze halten sich die Blüten allerdings einige Wochen länger als geschnitten.

Seite 174
Der **Lorbeerschneeball** *(Viburnum tinus)* hat glänzend grüne Blätter, weiß-rosa Blüten und blauschwarze Beeren. Er blüht im Winter und Frühjahr und fruchtet im Herbst.

Seite 175
Diese bläulich purpurn blühenden **Freesien** *(Freesia)* werden (außer im Juli) das ganze Jahr über angeboten. Dies gilt auch für andersfarbige Sorten. Es empfiehlt sich, die Blumen im Knospenstadium zu kaufen, so kann man sich während des Aufblühens an ihrem intensiven Duft erfreuen. Allerdings werden sich vermutlich nicht viel mehr als drei Blüten eines Stiels öffnen. Siehe auch unter *Seite 128–129*.

Register

Fett gedruckte Zahlen verweisen auf das Blumenverzeichnis.

Danksagung

Ich möchte die Arbeit an diesem Buch nicht abschließen, ohne mich bei all denen zu bedanken, die daran beteiligt waren, denn ohne ihre Hilfe würde ich noch immer daran arbeiten!

Ganz besonderen Dank schulde ich Georgia Glynn Smith für ihre großartigen Fotografien, in denen sie die Blumen, insbesondere aber deren Farben, wunderbar festgehalten hat. Danken möchte ich auch Lyndsay Milne, die mich stets inspiriert und unterstützt; Claire Murphy, die meine handschriftlichen Notizen entziffert, und Adam Walkden, der den Text erfasst und mich täglich angespornt hat. Ich danke auch meinem hübschen Fotomodell Lucy, Jonathan für die wunderbare Gestaltung des Buchs und der sanften Sybella, die mich ganz ruhig dazu angehalten hat, den Abgabetermin einzuhalten.

Dank auch an METZ für die Unterstützung des Projekts.

Für meine Kinder Rebs und Lola, auf die ich sehr stolz bin, meinen wunderbaren Mann Gary sowie meine lieben Eltern Brenda und Maurice.

Bibliografische Information Der Deutschen Nationalbibliothek
Die Deutsche Bibliothek verzeichnet diese Publikation in der Deutschen Nationalbibliografie; detaillierte bibliografische Daten sind im Internet über *http://dnb.ddb.de* abrufbar.

Die Originalausgabe erschien 2007 unter dem Titel *Colour* bei Conran Octopus Limited, einem Imprint der Octopus Publishing Group, London.

Satz: psb, Berlin
Printed and bound in China

ISBN 978-3-8369-2583-9

www.gerstenberg-verlag.de